编委会

普通高等学校"十四五"规划旅游管理类精品教材

总主编

马　勇　教育部高等学校旅游管理类专业教学指导委员会副主任
　　　　中国旅游协会教育分会副会长
　　　　中组部国家"万人计划"教学名师
　　　　湖北大学旅游发展研究院院长，教授、博士生导师

编　委（排名不分先后）

田　里　教育部高等学校旅游管理类专业教学指导委员会主任
　　　　云南大学工商管理与旅游管理学院原院长，教授、博士生导师
高　峻　教育部高等学校旅游管理类专业教学指导委员会副主任
　　　　上海师范大学环境与地理学院院长，教授、博士生导师
韩玉灵　北京第二外国语学院旅游管理学院教授
罗兹柏　中国旅游未来研究会副会长，重庆旅游发展研究中心主任，教授
郑耀星　中国旅游协会理事，福建师范大学旅游学院教授、博士生导师
董观志　暨南大学旅游规划设计研究院副院长，教授、博士生导师
薛兵旺　武汉商学院旅游与酒店管理学院院长，教授
姜　红　上海商学院酒店管理学院院长，教授
舒伯阳　中南财经政法大学工商管理学院教授、博士生导师
邓　宁　北京第二外国语学院旅游科学学院副院长，教授
朱运海　湖北文理学院资源环境与旅游学院副院长
罗伊玲　昆明学院旅游学院副教授
杨振之　四川大学中国休闲与旅游研究中心主任，四川大学旅游学院教授、博士生导师
黄安民　华侨大学城市建设与经济发展研究院常务副院长，教授
张胜男　首都师范大学资源环境与旅游学院教授
魏　卫　华南理工大学旅游管理系教授、博士生导师
毕斗斗　华南理工大学旅游管理系副教授
蒋　昕　湖北经济学院旅游与酒店管理学院副院长，副教授
窦志萍　昆明学院旅游学院教授，《旅游研究》杂志主编
李　玺　澳门城市大学国际旅游与管理学院执行副院长，教授、博士生导师
王春雷　上海对外经贸大学会展与传播学院院长，教授
朱　伟　天津农学院人文学院副院长，副教授
邓爱民　中南财经政法大学旅游发展研究院院长，教授、博士生导师
程丛喜　武汉轻工大学旅游管理系主任，教授
周　霄　武汉轻工大学旅游研究中心主任，副教授
黄其新　江汉大学商学院副院长，副教授
何　彪　海南大学旅游学院副院长，教授

普通高等学校"十四五"规划旅游管理类精品教材

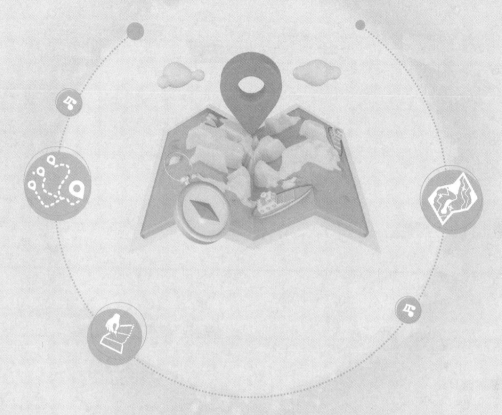

·北京第二外国语学院数字文旅研究中心成果·

智慧旅游导论

Introduction to Smart Tourism

主　编◎邓　宁
副主编◎李高广

华中科技大学出版社
http://press.hust.edu.cn
中国·武汉

图书在版编目(CIP)数据

智慧旅游导论/邓宁主编．—武汉：华中科技大学出版社，2023.9(2025.2 重印)
ISBN 978-7-5680-9910-3

Ⅰ.①智… Ⅱ.①邓… Ⅲ.①智能技术－应用－旅游业－研究 Ⅳ.①F59-39

中国国家版本馆 CIP 数据核字(2023)第 176656 号

智慧旅游导论　　　　　　　　　　　　　　　　　　　　　　　　　邓宁　主编
Zhihui Lüyou Daolun

策划编辑：王　乾
责任编辑：王梦嫣
封面设计：原色设计
责任校对：刘小雨
责任监印：周治超
出版发行：华中科技大学出版社(中国·武汉)　　电话：(027)81321913
　　　　　武汉市东湖新技术开发区华工科技园　　邮编：430223
录　　排：孙雅丽
印　　刷：武汉科源印刷设计有限公司
开　　本：787mm×1092mm　1/16
印　　张：11.25
字　　数：255千字
版　　次：2025年2月第1版第4次印刷
定　　价：49.80元

本书若有印装质量问题，请向出版社营销中心调换
全国免费服务热线：400-16679-118　竭诚为您服务
版权所有　侵权必究

内容提要
Abstract

本书系统介绍了智慧旅游在理论研究与行业实践方面所取得的最新进展。其中,理论部分主要基于利益相关者理论探讨智慧旅游建设与运营的可持续性;应用实践部分则引入了最新技术发展以及近年来文化和旅游行业优秀案例,探讨智慧旅游对行业的赋能与未来趋势。全书重视理论体系的完备性与创新性,以及国际视角与本土情境的有机结合。应用方面则突出代表性,入选案例均为近几年较为典型的实践应用。

总 序

习近平总书记在党的二十大报告中深刻指出,要实施科教兴国战略,强化现代化建设人才支撑。要坚持教育优先发展、科技自立自强、人才引领驱动,开辟发展新领域新赛道,不断塑造发展新动能新优势。这为高等教育在中国式现代化进程中实现新的跨越指明了时代坐标和历史航向。

同时,我国的旅游业在疫情后全面复苏并再次迎来蓬勃发展高潮,客观上对现代化高质量旅游人才提出了更高的需求。因此,出版一套融入党的二十大精神、把握数字化时代新趋势的高水准教材成为我国旅游高等教育和人才培养的迫切需要。

基于此,在教育部高等学校旅游管理类专业教学指导委员会的大力支持和指导下,教育部直属的全国重点大学出版社——华中科技大学出版社,在党的二十大精神的指引下,主动创新出版理念和方式方法,汇聚一大批国内高水平旅游院校的国家教学名师、资深教授及中青年旅游学科带头人,在已成功组编出版的"普通高等院校旅游管理专业类'十三五'规划教材"基础之上,进行升级,编撰出版"普通高等学校'十四五'规划旅游管理类精品教材"。本套教材具有以下特点:

一、深刻融入党的二十大报告精神,落实立德树人根本任务

党的二十大报告中强调:"坚持和加强党的全面领导。"党的领导是我国高等教育最鲜明的特征,是新时代中国特色社会主义教育事业高质量发展的根本保证。因此,本套教材在编写过程中注重提高政治站位,全面贯彻党的教育方针,融入课程思政,融入中华优秀传统文化和现代化发展新成就,将正确政治方向和价值导向作为本套教材的顶层设计并贯彻到具体章节和教学资源中,不仅仅培养学生的专业素养,更注重引导学生坚定理想信念、厚植爱国情怀、加强品德修养,以期落实"立德树人"这一教育的根本任务。

二、基于新国标下精品教材沉淀改版,权威性与时新性兼具

在教育部2018年发布《普通高等学校本科专业类教学质量国家标准》后,华中科技大学出版社特邀教育部高等学校旅游管理类专业教学指导委员会副主任、国家"万人计划"教学名师马勇教授担任总主编,同时邀请了全国近百所高校的知名教授、博导、学科带头人和一线骨干教师,以及旅游行业专家、海外专业师资联合编撰了"普通高等院校旅游管理专业类'十三五'规划教材"。该套教材紧扣新国标要点,融合数字科技新技术,配套立体化教学资源,于新国标颁布后在全国率先出版,被全国数百所高等学校选用后获得良好反响。其中《旅游规划与开发》《酒店管理概论》《酒店督导管理》等教材已成为教育部授予的首批国家级一流本科课程的配套教材,《节事活动策划与管理》等教材获得省级教学类奖项。

此外,编委会积极研判"双万计划"对旅游管理类专业课程的建设要求,对标国家级一流本科课程,积极收集各院校的一线教学反馈,在此基础上对"十三五"规划系列教材进行更新升级,最终形成"普通高等学校'十四五'规划旅游管理类精品教材"。

三、全面配套教学资源,打造立体化互动教材

华中科技大学出版社为本套教材建设了内容全面的线上教材课程资源服务平台:在横向资源配套上,提供全系列教学计划书、教学课件、习题库、案例库、参考答案、教学视频等配套教学资源;在纵向资源开发上,构建了覆盖课程开发、习题管理、学生评论、班级管理等集开发、使用、管理、评价于一体的教学生态链,打造了线上线下、课内课外的新形态立体化互动教材。

在旅游教育发展的新时代,主编出版一套高质量规划教材是一项重要的教学出版工程,更是一份重要的责任。本套教材在组织策划及编写出版过程中,得到了全国广大院校旅游管理类专家教授、企业精英,以及华中科技大学出版社的大力支持,在此一并致谢!衷心希望本套教材能够为全国高等院校的旅游学界、业界和对旅游知识充满渴望的社会大众带来真正的精神和知识营养,为我国旅游教育教材建设贡献力量。也希望并诚挚邀请更多高等院校旅游管理专业的学者加入我们的编者和读者队伍,为我们共同的事业——我国高等旅游教育高质量发展——而奋斗!

总主编
2023 年 7 月

前 言

党的二十大报告提出,加快建设数字中国,加快发展数字经济,促进数字经济和实体经济深度融合。作为数字中国的重要组成部分,文化和旅游行业目前也正在开展数字文旅建设。数字文旅发展具体包括数字文化、智慧旅游以及文旅融合的数字化等内容。

智慧旅游经过近十年的发展,不仅成为行业热门的方向之一,也在旅游管理专业课程改革方面,成为众多高校体现创新理念的专业必修课。本书主要聚焦于智慧旅游,面向旅游相关专业本科生及旅游从业者提供关于智慧旅游的理论框架介绍,并通过应用案例展示行业的真实应用场景与实践现状。与其他类似教材不同的是,本书认为技术不是制约智慧旅游发展的关键因素。目前针对智慧旅游相关主体间交互关系和作用机理的探讨偏少,然而这恰恰是行业应用效能提升至关重要的因素。因此,本书更重视智慧旅游发展中的体制机制问题。首先,本书试图建立一个智慧旅游发展的层次化运行框架,再分别从管理、服务、营销、体验四个方面入手进行细致分解。前三个维度在以往教材中较为普遍,而第四个维度"体验"则更体现了党的二十大报告中强调的"数字经济和实体经济深度融合"在文旅行业的具体实践,也让新时代智慧旅游发展的理论体系更为完善。

全书分为理论框架、技术原理、应用实践、最新案例四个主要部分。其中,行业应用与案例选择也得益于编者近年来作为文化和旅游部智慧旅游方面主要专家的经验与思考。一方面,本书希望提出中国情境下新时代智慧旅游发展的新框架、新范式;另一方面,本书则希望利用大量案例实践阐述智慧旅游在技术应用、文旅融合、产品创新方面的最新进展。希望读者可以从中对智慧旅游形成一个完整而清晰的理论框架。

智慧旅游的发展没有止境,随着科技的发展和数字经济的演变,新的应用模式、商业模式、治理模式不断产生,但始终不变的是科技一直推动着旅游形态、市场主体、产品开发等方

面的进步,成为赋能文化和旅游行业高质量发展的重要力量,这也对高校培养符合数字文旅发展需要的高素质人才提出了新的要求。

诚然,由于本书第一次出版及作者自身水平的局限性,书稿中难免存在疏漏之处,恳请广大读者朋友不吝赐教,共同提高旅游管理数字化人才培养的质量。

邓宁

2023年8月

目 录
Contents

1 第一章 智慧旅游的概念与发展历程
　　第一节 智慧旅游的概念　　　　　　　　　　　　　　／4
　　第二节 智慧旅游的发展历程　　　　　　　　　　　　／8

11 第二章 智慧旅游理论框架与利益相关方
　　第一节 智慧旅游的层次模型框架　　　　　　　　　　／14
　　第二节 智慧旅游利益相关方　　　　　　　　　　　　／22

26 第三章 智慧旅游管理
　　第一节 政府治理中的数字化　　　　　　　　　　　　／28
　　第二节 企业管理中的数字化　　　　　　　　　　　　／37
　　第三节 旅游行业企业的数字化转型　　　　　　　　　／44

52 第四章 智慧旅游服务
　　第一节 政府端面向游客的服务　　　　　　　　　　　／54
　　第二节 企业端面向游客的服务　　　　　　　　　　　／60
　　第三节 其他通用的信息化服务　　　　　　　　　　　／67

72 第五章 智慧旅游营销
　　第一节 旅游产品　　　　　　　　　　　　　　　　　／75
　　第二节 旅游产品定价　　　　　　　　　　　　　　　／78
　　第三节 旅游在线平台　　　　　　　　　　　　　　　／79
　　第四节 旅游市场感知　　　　　　　　　　　　　　　／83
　　第五节 旅游内容生产　　　　　　　　　　　　　　　／85

90 第六章 智慧旅游相关技术
　　第一节 物联网　　　　　　　　　　　　　　　　　　／92
　　第二节 5G技术　　　　　　　　　　　　　　　　　　／95
　　第三节 定位导航系统　　　　　　　　　　　　　　　／98
　　第四节 虚拟现实技术　　　　　　　　　　　　　　　／99
　　第五节 增强现实技术　　　　　　　　　　　　　　　／101
　　第六节 人工智能　　　　　　　　　　　　　　　　　／103

第七节　区块链	/ 105
第八节　元宇宙	/ 107
第九节　NFT	/ 108

112　第七章　旅游大数据

|第一节　旅游大数据类型|/ 114|
|第二节　旅游大数据产品应用形态|/ 123|

129　第八章　旅游电子商务

|第一节　旅游电子商务基础认识|/ 131|
|第二节　旅游电子商务分类|/ 133|

144　第九章　国内外智慧旅游数字文旅案例

|第一节　智慧旅游创新案例|/ 145|
|第二节　文旅融合数字化案例|/ 157|

163　参考文献

第一章

智慧旅游的概念与发展历程

本章概要

本章从智慧旅游的定义、国内外研究与应用、行业应用等方面对智慧旅游的概念与起源进行阐述,并对智慧旅游在中国的发展历程进行梳理,包括门户网站时期、搜索引擎时代、移动互联网时代、短视频直播时代。

学习目标

◁ 知识目标 ▷

(1)了解智慧旅游的概念。
(2)掌握智慧旅游的发展历程。

◁ 能力目标 ▷

(1)增进和提高学生对旅游概念的由来、国内外智慧旅游相关研究与应用案例,以及智慧旅游在相关行业的应用实践的了解和掌握能力。
(2)提高学生对智慧旅游在门户网站时期、搜索引擎时代、移动互联网时代等发展历程的学习探究能力。

◁ 素养目标 ▷

(1)通过学习智慧旅游概念与应用,学生能够加深对新时代"数字+旅游"的理解,坚定科技自信,传承中国力量。
(2)通过基本了解和掌握智慧旅游发展历程,学生能够感受祖国在各方面取得的巨大成就,进一步坚定"四个自信"、做到"两个维护"。

知识导图

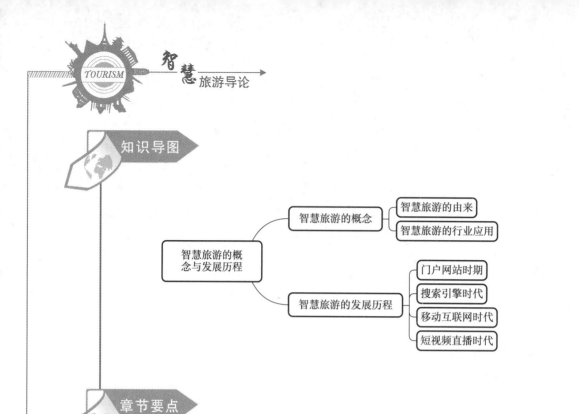

章节要点

智慧旅游　智慧旅游研究　智慧化应用　智慧旅游发展历程

案例导入

国务院印发《"十四五"旅游业发展规划》

国务院日前印发《"十四五"旅游业发展规划》(以下简称《规划》)。《规划》明确了七项重点任务,其中提出"坚持创新驱动发展""强化自主创新,集合优势资源,结合疫情防控工作需要,加快推进以数字化、网络化、智能化为特征的智慧旅游,深化'互联网+旅游',扩大新技术场景应用"。

对于如何推动创新驱动发展,《规划》从三方面做出部署,一是推进智慧旅游发展,二是加快新技术应用与技术创新,三是提高创新链综合效能。

在推进智慧旅游发展方面,《规划》提出,"打造一批智慧旅游城市、旅游景区、度假区、旅游街区,培育一批智慧旅游创新企业和重点项目"。同时,《规划》以专栏形式提出"国家智慧旅游建设工程",加快智慧旅游景区建设,完善智慧旅游公共服务,丰富智慧旅游产品供给,拓展智慧旅游场景应用。

在加快新技术应用与技术创新方面,《规划》提出,"加快推动大数据、云计算、物联网、区块链及5G、北斗系统、虚拟现实、增强现实等新技术在旅游领域的应用普及,以科技创新提升旅游业发展水平"。《规划》对新技术在旅游领域的应用给予了高度重视,提出,"推动智能旅游公共服务、旅游市场治理'智慧大脑'、交互式沉浸式旅游演艺等技术研发与应用示范"。

在提高创新链综合效能方面,《规划》提出,"加强旅游大数据基础理论研究,推动区域性和专题性旅游大数据系统建设","各地区要建立旅游部门与公安、交通运输、统计、市场监管、金融、工业和信息化等部门数据共享机制","推动政府、企业、高校、科研院所等主体间资源整合联动"等。

旅游大数据是提升旅游现代化治理水平的有效手段。在创新链建设中,《规划》着重强调旅游大数据研究和应用。因此,结合《规划》部署,"十四五"时期,文旅部门应加大对全国性和跨区域旅游大数据建设的政策和资金支持,出台相关标准以规范建设环节和进程;加强对地方旅游大数据平台建设的评估、遴选和优秀案例的宣传推广,做好过程评估和质量监理,确保平台数据准确可靠;以科技专项、课题任务、人才项目为抓手,鼓励"揭榜挂帅",不断提高旅游大数据基础理论水平。

导入分析

知识活页　　大数据技术在智慧旅游中的应用

智慧旅游导论

格物致知

中共中央、国务院印发《粤港澳大湾区发展规划纲要》

继2019年2月18日中共中央、国务院印发的《粤港澳大湾区发展规划纲要》（以下简称《规划纲要》）之后，2019年3月21日，国务院正式批复横琴国际休闲旅游岛建设方案。《规划纲要》提出构筑人文社区、休闲湾区、就业创业空间、健康湾区等，建设宜居宜业宜游的优质生活圈。思考、研究和谋划"一带一路"倡议框架下的粤港澳大湾区旅游的协同发展，中国先驱城市群在更加开放格局下提出具有现实可操作性的路径措施，在粤港澳大湾区打造与国际接轨的开放型旅游经济，建设成高水平参与国际旅游市场合作的新平台、未来全球最大湾区世界知名旅游目的地，以及具有影响力的国际都会旅游生活圈。

作为世界级经济增长引擎，粤港澳大湾区具有无限潜力。粤港澳大湾区一脉相承，有着相同的文化传统和承担着共同的历史使命。在建设粤港澳大湾区的背景下，旅游业是大湾区内互联合作的重要阵地。借鉴国内外旅游市场的先进经验，将粤港澳三地旅游资源进行深度整合，从旅游基础设施、旅游产品、旅游品牌、旅游宣传等方面进行思考，实现粤港澳旅游资源共享，从而带动大湾区内其他产业深度融合，真正实现湾区经济、信息、产业深度融合，促进大湾区旅游业的健康发展，并以旅游带动交流，以交流促进融合，以融合实现湾区产业协同，给湾区乃至全国经济带来创新式发展。这是新时代推动形成全面开放新格局的新举措，也是推动"一带一路"倡议落实、"一国两制"事业发展的新实践。

第一节 智慧旅游的概念

一、智慧旅游的由来

智慧旅游作为一种全新旅游发展模式，其概念最早来源于智慧地球和智慧城市。2008年，国际商业机器公司（IBM）首先提出了智慧地球的概念，指出智慧地球的核心是以一种更智慧的方法，通过利用新一代信息技术来改变政府、公司和人们交互的方式，以便提高交互的明确性、效率、灵活性和响应速度[①]。随着智慧地球的提出与推进，智慧城市的概念应运而生，随后，智慧旅游作为智慧城市的重要组成部分，在我国逐渐建设发展起来。

2011年，国家旅游局局长提出用10年时间实现我国旅游产业智慧化发展的战略目标，

---

① IBM商业价值研究院.智慧地球赢在中国[Z].北京：IBM中国公司，2008.

这标志着智慧旅游进入实践阶段。国家旅游局(现文化和旅游部)将2014年定为"智慧旅游年",此后智慧旅游在我国蓬勃发展。

(一) 智慧旅游的定义

尽管智慧旅游的概念研究成果颇丰,但我国智慧旅游的研究仍处于初级阶段,目前仍未有统一的定义,梳理来看,当前主流观点为两大类:一类是从旅游产业自身出发,结合互联网和大数据的概念提出定义;另一类是结合与利用现代信息技术,将信息技术产业和旅游业融合起来提出定义。这些学者提出的定义都指出智慧旅游运用了云计算、物联网等新技术对旅游业涉及的各种信息进行处理,以更加高效地整合旅游资源,为游客提供智慧化服务。同时,基于不同学科背景,各学者的研究视角也有所差异,如信息通信技术(ICT)视角、价值功能视角、愿景视角等[1]。表1-1是一些重要的概念界定。

表1-1 智慧旅游定义

作者	相关定义
黄超 (2011)	智慧旅游是通过各种网络平台的数据分析和现代高新技术及设备的使用,快速采集相关旅游资源等方面的信息,以便准确有效地安排旅游管理、服务和出行等计划的一种智慧化旅游模式
张凌云 (2012)	智慧旅游是利用新一代信息通信技术对旅游资源和旅游服务进行系统规划和管理,以高效满足游客个性化旅游需求的一种旅游管理和服务方式
付业勤 (2013)	智慧旅游是基于各种先进信息处理技术,借助移动智能终端设备,实现旅游信息的广泛采集和深入分析,提升旅游者对旅游服务需求的效率和品质的满意度,使旅游者获得个性化、高品质的旅游体验的旅游方式
曹志斌 (2014)	智慧旅游是利用现代先进信息通信技术,通过有效整合社会资源与旅游资源,为游客提供全面的、优质的、高效的服务,显著提升旅游服务质量的旅游发展模式
李云鹏 (2014)	智慧旅游为旅游者个体所接受的泛在化的旅游信息服务,使旅游者能够获得高效、便捷及人性化的旅游服务
Gretzel (2015)	智慧旅游是旅游地通过充分搜集来自各方面的相关数据信息,利用先进技术将本地旅游资源进行数字化处理,并向游客提供高效的智慧化服务,从而增进游客的旅游体验的一种旅游形式
王路路 (2018)	智慧旅游是一种借助先进现代信息技术及设备的、全面的、长期的和可持续发展的旅游发展模式
张伟 (2020)	智慧旅游是将各种现代物联网及相关信息处理技术引入到旅游产业的发展中,从而使游客获得高度整合的旅游资源和服务的一种全新的旅游形态

---

[1] 邹建琴,明庆忠,史鹏飞,等.智慧旅游研究:历程、主题与趋势[J].资源开发与市场,2022,38(7).

(二) 国内外智慧旅游的研究与应用

1. 国内外智慧旅游研究

在国外智慧旅游研究方面,自智慧地球和智慧城市等概念提出后,智慧旅游的概念应运而生。梳理发现,国外学者对智慧旅游的信息技术与应用研究较为关注。例如:Sheldon(1997)提出以通信技术的支持为基础,旅游业能以一种更全面的方式全域化发展;Lipman(2009)提出智慧旅游可以通过四个不同部分推进旅游服务各主要环节的信息化;Chen Wei-Chih(2018)从满足用户的愿望切入,通过数据信息和技术等角度检验智慧旅游在服务体系建设方面的有效性。在智慧旅游理论研究过程中,国外学者早期更关注信息技术发展对智慧旅游的技术层面影响,在后续发展中,理论研究开始集中在如何将先进信息技术的发展和传统的旅游业相结合以及相关建设发展对旅游目的地带来的影响[1]。

在国内智慧旅游研究方面,智慧旅游作为一种新兴的旅游发展模式,受到越来越多学者的关注。目前,我国智慧旅游方面的研究刚刚起步,其概念、价值和模式等方面是国内学者研究的主要内容。例如:李君轶等(2016)对信息化视角下的全域旅游问题进行了研究,为满足游客的全方位体验需求提供了新的视角;徐菲菲等(2018)分析了游客对景区智慧旅游系统使用意愿产生影响的内外部因素,对景区智慧旅游系统建设提出了对策与建议;徐岸峰等(2021)以数字经济背景下的智慧旅游信息服务模式为研究对象,提出了相应的创新机制。整体而言,目前国内智慧旅游研究以概念、技术与产品等方面为主,研究对象较为限制,缺少多样性,对智慧旅游的整体框架方面的研究深度不足。

2. 国内外智慧旅游应用

国外智慧旅游实践应用起步较早,美国、英国、日本等国家在旅游与现代信息技术融合发展方面多有尝试,梳理发现,应用于旅游交通建设和旅游通信手段等方面较多,具体如表1-2所示。

表1-2 国外智慧旅游应用

国家	智慧旅游应用
美国	美国Pocono山脉度假区RFID智能手腕带系统
英国	英国与德国联合研发iTacitus智能导游系统
日本	日本"I-mode"手机服务项目
韩国	韩国"i Tour Seoul"多语言移动服务平台

国内对智慧旅游的研究起步较晚,但我国旅游业和信息产业发展迅速,近年来智慧旅游应用稳步向前发展。首先,在智慧旅游实践探索方面,随着大数据的应用与发展,近年来国内多数景区开始在智慧旅游实践应用方面进行探索,以求将信息化与旅游结合起来进行发

---
[1] 芦雅琪.基于游客感知的丽江古城智慧旅游优化策略研究[D].昆明:云南师范大学,2022.

展。其次,随着两批"国家智慧旅游试点城市"工作的展开,一些景区作为试点景区推出了智慧景区建设标准,逐渐开展了一系列的智慧旅游应用建设,具体如表1-3所示。

表1-3 国内智慧旅游应用

景区景点	智慧旅游应用
故宫博物院	开发小程序,建立数字博物馆
敦煌莫高窟	建设敦煌莫高窟数字展示中心
乐山大佛	建设触摸屏一体机
牛首山文化旅游区	构建牛首山智慧旅游系统

二、智慧旅游的行业应用

(一)旅行服务行业智慧化应用

在互联网时代,在线旅游市场呈现快速发展趋势,在线旅游网站、旅游电商、手机移动终端预订等在线旅游服务蓬勃发展,截至2021年,我国在线旅游网站已超过3000家[①]。20世纪90年代,电子商务开始向旅游产业渗透并取得快速发展。1997年,华夏旅游网建立,作为我国第一家旅游网站,它的建立标志着旅游电子商务在线预订的开端。1999年,携程旅行网创立,目前它已经成为中国领先的综合性旅行服务公司。2005年,国内第一个旅游搜索引擎去哪儿网成立,首次将互联网和传统旅游业相融合,实现了颠覆性壮举。2010年,去哪儿网转变成为在线旅游媒体,目前成长为中国领先的在线旅游平台之一。

(二)景区行业智慧化应用

网络平台是最广泛、最直接、最有效的旅游信息传播途径和手段[②]。以三亚市为例,2011年三亚市开始建立官方网络平台,目前已设有官方旅游网站、官方微信公众号、官方新浪微博等,极大满足了游客需求,提升了旅游体验。为加强智慧旅游建设,凤凰古城创立凤凰智慧旅游官方平台,上线了智慧旅游微信小程序,同时开通了凤凰古城旅游区微信公众号和小红书、抖音账号,极大拓宽了游客获取信息的渠道,显著提高其智慧化服务水平。

(三)酒店住宿行业智慧化应用

通过数字化技术应用,酒店的服务流程得到极大的优化。以数字化技术为基础打造的智能产品,如机器人、语音助手等在酒店各个服务流程与场景中得到普及与应用,保障了游客便捷的入住体验。此外,依托数字化技术建立数据中心,能够为酒店运营管理提供数据支持。数字化技术应用显著提高了酒店信息收集效率、顾客画像清晰度,降低了人力成本。通过构建智慧信息系统,酒店的运营效率与服务供给多样性得以转型发展,提高了智慧化建设水平。

---

①王阳.新阶段加快培育智慧旅游消费的对策研究[J].上海城市管理,2022,31(3).
②李彦谕.智慧旅游建设情况研究——以三亚市为例[J].产业创新研究,2022(15).

（四）航空业智慧化应用

近年来，航空出行愈发普及。航空业作为信息化程度较高的涉旅行业之一，智慧建设不断发展。以国航、南航、东航为首的航空公司都推出了线上App，游客在手机上可进行目的地查询与机票预订。2022年9月，东航"云游江西"专区正式上线，开启东航机票销售和服务功能，标志着"智慧旅游＋智慧航空"数字化平台初步建成。该专区把江西丰富的旅游资源和东航产品深度融合，打造智慧旅游建设平台，显著提升游客多样化出行体验，打通"智慧旅游＋智慧服务"最后一公里。以数字化信息技术赋能，智慧旅游正为航空业带来发展机遇。

（五）餐饮业智慧化应用

随着信息化水平的提高，智慧餐饮建设不断展开，通过构建旅游服务平台，实现全面精准、方便快速的智慧旅游餐饮信息服务。以巨有科技为例，巨有科技面对景区内餐企及乡村旅游农家乐推出"智慧农家餐饮系统"，其功能强大齐备，包括桌台预订、消费者自助点餐收银、排队叫号、会员充值、外卖自提、外卖接单等功能，为景区餐饮企业、乡村农家乐赋能，不断提升游客体验，提高服务、管理效率，优化餐饮业态发展。餐饮行业的智慧化转型也为旅游业的发展带来了新的机遇。

（六）会展行业智慧化应用

智慧会展是将现代信息技术深入应用到会展行业各个方面。会展行业的智慧化可以说是会展行业运行管理及服务的一次革命，对于中国智慧会展的总体发展具有重要的推动意义。作为聚焦会展领域的科技公司，中青博联（北京）科技有限公司推出"博联云＋"一站式线上线下会展活动解决方案，通过构建开发网络平台、信息化的管理运营系统、线上展览平台、视频直播系统等方式，为不同会展场景提供强有力的技术保障，以实现高效交互模式，以技术赋能服务，显著提高了会展场馆整体运营效率。

第二节　智慧旅游的发展历程

一、门户网站时期

2000年前后，以新浪、网易、搜狐为首的中国门户网站得到了快速发展。此阶段互联网刚刚兴起，门户网站主要提供搜索服务和网络接入服务，以引导网民利用互联网信息资源。随着后期互联网规模的不断扩大，侧重提供信息内容服务的门户网站开始成为市场主流，凭借其"内容优势"，吸引用户注意、提高网站浏览量，将在线广告作为收入来源，但盈利模式过于单一，难以承担市场风险。在此期间，智慧旅游多通过建立旅游网站来进行，以广告营销模式发展智慧旅游。

二、搜索引擎时代

2003年以后，随着全球互联网经济泡沫的到来，中国互联网企业开始谋求转型发展。百度作为搜索引擎正式上线,中国进入了搜索引擎时代。以百度为首的搜索引擎开始推出多种搜索方式,使搜索进入社区化阶段。随后搜狗网页搜索3.0版本问世,通过利用自主研发的服务器集群并行抓取技术,使其成为全球首个中文网页收录达百亿量级的搜索引擎。在搜索引擎时代,OTA(Online Travel Agency,在线旅行商)开始出现,智慧旅游多以游客在互联网上订购门票等方式来呈现,规模较小,尚不成体系。

三、移动互联网时代

2007年以后,随着移动网络建设的大规模部署与互联网的快速发展,移动通信终端与互联网逐渐结合为一体,第一代iPhone面世,开创了移动互联网时代。自此以后,移动互联网的内容与应用开始变得丰富并形成规模化,如互联网厂商、移动互联网厂商等之间的合作发展。同时,无线音乐、手机游戏、手机浏览器和移动搜索等移动互联网应用的服务用户渗透率及活跃度得到巨大提高,移动互联网进入快速发展阶段。在此阶段,移动端开始出现,如携程、去哪儿等上线了App,智慧旅游方式开始多样化,为人们旅游出行与消费提供更多渠道,智慧旅游逐渐发展起来。

四、短视频直播时代

2010年以后,随着移动互联网的发展,2016年抖音短视频社区平台App面世,短视频、直播等逐渐成为新型网络交互渠道,促进了互联网商业运营的变革与发展。在此阶段,一方面,智能手机在我国的不断普及、移动支付业务场景的不断丰满,为智慧旅游信息化的快速发展提供了基础条件;另一方面,随着政府对智慧旅游信息化发展的督促推动,促进了旅游行业的转型升级。但由于智慧旅游刚刚兴起,其发展道路和发展方向都还不明确,理论建设与研究方法都不甚成熟,智慧旅游仍处于初级发展阶段。随后,主要依靠围绕智慧城市等理念,提出智慧旅游的概念和初步建设,智慧旅游进入迅猛发展阶段,以促进旅游业取得较快、较好的发展。

教学互动

(1)智慧旅游的定义有哪些?
(2)如何划分智慧旅游的发展历程?

本章小结

本章主要学习了智慧旅游的由来与主流定义,以及智慧旅游发展至今的历程:门户网站时期、搜索引擎时代、移动互联网时代、短视频直播时代。

 重点概念

智慧旅游　智慧旅游研究　智慧化应用　智慧旅游发展历程

 章节测验

第二章

智慧旅游理论框架与利益相关方

本章概要

本章从基础设施层、数据层、业务层、模式层与对象层五个层次对智慧旅游的层次模型框架进行阐述,并对政府、涉旅企业、游客、IT公司及互联网平台四个智慧旅游的利益相关方之间的关系进行梳理总结。

学习目标

◁ 知识目标 ▷

(1)学习智慧旅游的层次模型框架。
(2)理解智慧旅游利益方之间的关系。

◁ 能力目标 ▷

(1)能正确掌握智慧旅游的五个层次,即基础设施层、数据层、业务层、模式层、对象层,并熟悉各个层次的要素类别与内容。
(2)能理解智慧旅游利益相关方之间的关系,掌握各方主要提供的服务,同时掌握智慧管理、智慧服务、智慧营销、智慧体验四大要素的内容。

◁ 素养目标 ▷

(1)通过学习智慧旅游层次模型框架,学生能够提升对旅游信息化、智慧化的理解程度,立志为社会做贡献。
(2)通过基本了解与掌握智慧旅游利益相关方关系图谱与四大要素,学生能够更深层次感受智慧旅游的协调与机制,坚持自我提升,为成为创新创业复合型人才奠定基础。

知识导图

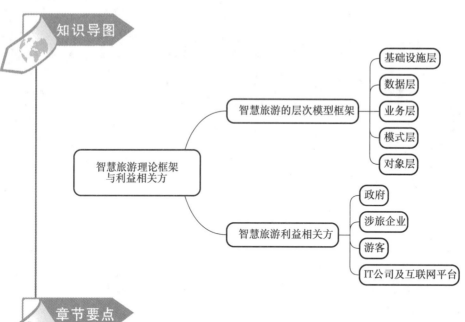

章节要点

智慧旅游层次模型　智慧旅游利益相关方　智慧管理　智慧服务　智慧营销　智慧体验

案例导入

实施国家智慧旅游建设工程　助力旅游业高质量发展[①]

2022年全国文化和旅游厅局长会议提出：实施国家智慧旅游建设工程，推进智慧旅游"上云用数赋智"行动计划，推动智慧旅游场景应用落地见效。

推动智慧旅游发展，实现旅游产业数字化转型和高质量发展是旅游业发展的重要方向。随着科技与旅游的深度融合，智慧旅游在提升行业监管效能，推动旅游业态、产品创新，提升旅游体验，优化营销效果等方面发挥着重要作用，已成为推动旅游业高质量发展的重要力量。

一是提升旅游行业监管效能。以互联网、物联网、大数据等为支撑，构建新型旅游行业监管平台已成为各地智慧旅游发展的重要方向。智慧旅游监管平台的建设不仅增强了监管的针对性，还极大提升了行业监管效能。各地在行业监管中，形成了旅游大数据中心、旅游行业信用监管平台、智慧旅游管理平台、智慧旅游公共服务平台等智慧旅游监管平台，以大数据中心整合线上线下信息和资源，为旅游部门行业监管和决策提供了数据支撑。北京、浙江等地建立了旅游行业信

---

① 吴丽云.实施国家智慧旅游建设工程　助力旅游业高质量发展[N].中国旅游报,2022-01-18.

用监管平台,通过整合行业信用数据、公共平台数据、政府监管数据等关联数据,构建起市场主体的动态化信用监管体系,根据监测结果形成分级、分类的市场信用监管制度。同时,各地还依托大数据平台以及市场主体、消费者的相关信息,快速呈现旅游目的地、旅游企业的运营、客流动向、旅游投诉等内容,帮助旅游管理者快速做出监管预判和监管决策,极大提升了监管效能。

二是提高旅游公共服务水平,提升游客体验。各地通过科技创新,在线上预约、信息整合、线上游览、沉浸式体验等方面不断突破,旅游公共服务水平不断提高,游客体验持续提升。截至2021年,全国提供在线预约服务的A级景区已超过6000家,5A级景区已基本实现分时预约,75%以上的4A级景区实现了线上预约。云南、浙江、山东等省通过综合性旅游平台实现了本地旅游信息的归集,为游客提供当地旅游咨询、旅游产品推荐、公共服务场所信息查询等服务内容。江苏、安徽等省正在探索推出社保卡文旅一卡通模式,实现社保卡与旅游景区、文化场所间的信息共享。同时,线上云游、全景游、虚拟导游、沉浸式演艺等业态的出现,也极大地提升了游客的体验。此外,北京市A级景区已实现了虚拟导游在线查看功能,故宫、莫高窟等景区则实现了线上全景游和AI导游、AR导游等服务功能。

三是提升旅游营销效果。智慧平台的搭建和智能技术的应用,有利于精准刻画游客画像,为旅游目的地、旅游企业的针对性营销提供有效路径。各地通过搭建一站式综合文旅消费平台,促进供需直接对接,让游客获取目的地旅游产品和公共产品信息更加便捷。同时,借助大数据技术,多地已实现了对来访游客的精准画像,可以针对主要客源地游客开展营销活动,提升营销效率。

导入分析

格物致知

"水韵江苏"数字旅游卡上线

2022年9月23日,具有文旅融合、多码合一、平台互联、在线定制等特点的"水韵江苏"数字旅游卡正式上线发行。这是江苏首个以第三代社保卡为载体,实现省内文旅同城待遇的数字化新型旅游产品。一张小小的卡片,囊括全省13个城市100多家知名景区,其中5A级和4A级景区就接近六成,如南京的中山陵与夫子庙、苏州的虎丘、扬州的瘦西湖等。

与传统旅游卡不同,数字旅游卡既可以加载到社保卡上,又可以直接扫码入园,强调的不再是"卡"的概念,而是一个数字化的旅游产品,也更加方便各地居民使用。此外,它还可以加载更多数字化的元素,比如联手阿里的蚂蚁链为数字旅游卡加载了6件数字藏品(限量10000份),有知名画家庄重老师的画作《山水间意之二》,以及青年艺术家程亮亚的作品《佛度》系列,还引入了盲盒的玩法。

接下来,"水韵江苏"数字旅游卡的合作景区会延伸到辽宁、新疆等地,与全国头部景区合作推出全国旅游卡。服务功能也会更加丰富,为广大市民游客提供吃、住、行、游、购、娱"一条龙"服务,让它不仅是一张数字旅游卡,还是一张便民、利民、惠民的暖心卡。

第一节 智慧旅游的层次模型框架

智慧旅游是旅游信息化建设更高层次和更全面的指导策略,也是旅游信息化建设价值更深程度的体现,能有效创新旅游产品全链体系,改善游客旅游消费体验。从层次模型框架来看,智慧旅游的总体层次可分为五层,分别是基础设施层、数据层、业务层、模式层、对象层,如图2-1所示。

对象层	涉旅企业(景区、旅行社、酒店等)	游客	政府	IT公司及互联网平台
模式层	创新商业模式	业态文旅融合模式	平台运营模式	数据共享模式
业务层	智慧管理 政府侧: ·综合管理指挥平台(大数据中心) ·市场经济运行监测 ·旅行社导游、电子合同管理 ·景区分时预约管理 ·应急指挥与监测 企业侧: ·景区、酒店、旅行社内部管理 ·平台型企业智慧管理 ·其他类型企业管理	智慧服务 旅游基础信息服务: ·导航 ·公共信息(交通、气象等) 基本功能服务: ·自助导览 ·语音导览 ·AR/VR沉浸式体验 ·延伸消费 ·数据及时更新	智慧营销 旅游目的地(包括景区): ·品牌构建 ·内容生产(短视频、图片、文本) ·渠道管理(公众号、微博、小红书、抖音、快手、OTA) ·反馈、优化 ·销售、策划(电商运营) 平台企业: ·流量、体验与转化	智慧体验 智慧设施使用体验: ·沉浸式体验 ·主题演艺 ·光影秀 ·5D设施动感体验 ·剧情IP空间类体验
数据层	数据采集	数据存储	数据清洗	数据分析加工	数据可视化	数据安全
基础设施层	感知器(摄像头、闸机、传感器、二维码等),连接器(4G/5G网络、Wi-Fi),计算和存储器(云计算、服务器)			

图2-1 智慧旅游的层次模型框架

一、基础设施层

作为开展智慧旅游建设的基础,基础设施层是推进智慧旅游的实施方式,为智慧旅游提供技术支持,通过应用新一代信息网络技术与硬件设备,能充分、准确、及时感知和使用各类旅游信息,实现旅游景区的旅游服务、旅游管理、旅游体验和旅游营销的智能化,促进旅游业向综合性和融合性转型提升。总体而言,基础设施层包括以下三类:第一类,感知器;第二类,连接器;第三类,计算和存储器。基础设施层可为智慧旅游目的地实现流量实时监控与应急处理,为游客提供便捷高效的旅游服务。

(一) 感知器

感知器,包括旅游目的地的监控摄像头、入口处的闸机、环境检测传感器、导览二维码、票务门禁设施和资源感知的智能采集监视器等,是收集游客基础特征信息的有效途径。

从景区入口处的摄像头和感应器,到景区内遍布的传感器、检测器,将这些类型的感知器作为物理载体,可以更广泛、准确地收集智慧旅游景区建设大数据信息与游客数据信息,为景区管理部门提供实时、有效的数据接口,更有利于加快智慧旅游建设步伐。以视频监控为例,完善旅游景区监控系统的建设,将智慧旅游感知与监控系统整合,统一规划建设系统的承载管理平台,能够为旅游企业、OTA、旅游景区景点等各方提供监控系统接入服务,为发展智慧旅游做基础信息收集工作。

(二) 连接器

连接器,包括4G/5G移动通信网络的大规模覆盖,免费Wi-Fi的全覆盖,等等。随着互联网技术的飞速发展,通过连接器,智慧旅游可实现全时段、全方位可视和更全面的互联互通。

一方面,可建立移动基站,根据运营商的4G/5G基站建设规划,提供智慧旅游移动基站安装平台,有效实现区域4G/5G信号全覆盖。

另一方面,可大范围建立Wi-Fi基站,在主干道及人流密集区实现Wi-Fi的全覆盖,将智慧旅游基站作为载体,确保区域内每个角落都能满功率覆盖,满足智慧旅游的连接、传输和建设需求,打造智慧旅游样板工程。

(三) 计算和存储器

计算和存储器,包括云存储资源、虚拟计算资源和后台服务器等,是承载智能化和海量数据计算与存储的重要载体,是智慧旅游的关键基础设施。

云计算是指通过网络提供计算资源、软件和数据存储空间,使用户能够在任何地方、任何时间使用这些资源的一种模式。通常来说,云计算是由云服务提供商(如Amazon Web Services、Microsoft Azure、阿里云、腾讯云等)管理和维护的,用户可以基于自己的需求,按需订购并使用所需的计算资源、应用程序或数据存储空间,并根据实际使用情况付费。常见的应用场景是我们购买虚拟机服务,云服务提供商按照用户要求的CPU、内存、磁盘、网络提供一个可远程登录的系统给用户使用,按时间收取费用。

云存储则是将数据存储在云服务提供商的服务器上,以便用户可以随时从任何地方访

问和管理这些数据的一种模式。云存储通常具有高可靠性、强安全性和低成本等优势,因此得到越来越多企业和个人用户的青睐。同时,各大云服务提供商也为用户提供了多种云存储服务模式,例如对象存储、文件存储和块存储等。简而言之,云存储即云服务提供商提供的存储中心服务,通过对象(OSS/S3)、文件(NFS/CIFS)、块设备(iSCSI)协议接口存取数据。

云计算和云储存技术的应用极大地促进了智慧旅游服务质量和管理水平的提高,对旅游产业的发展起到了提质增效的推动作用。

二、数据层

数据层是指由景区、旅游企业等进行旅游信息数据采集与存储,对获取的游客数据进行清洗和分析加工,最后管理部门将清洗处理后的数据进行可视化分析,同时为以上数据提供安全保障。在基础设施层的基础上,数据层可及时掌握各类感知信息与数据,并根据不同需求进行综合加工和智能分析,辅以预测、仿真等手段,为游客、旅游企业和政府部门提供个性化、智能化服务。

(一)数据采集

数据采集是由政府、涉旅企业两方利用全域旅游大数据平台等对旅游目的地宣传营销平台、智慧服务平台、旅业认证监管平台的各类数据进行采集与分析,并通过外部数据(商业数据、舆情数据、交通卡口数据等)进行关联佐证,深度挖掘旅游业大数据的应用价值,将相关数据串联形成一条数据链条,为旅游业信息化、智慧化建设提供数据支撑和决策依据。同时,积极推进旅游各方数据共享,打破"数据壁垒",多措并举以推动数据采集工作,为全力推动智慧旅游建设和全域旅游发展添砖加瓦。

(二)数据存储

智慧旅游大数据主要来源于物联网感知系统、移动设备应用、各单位云数据共享、游客反馈、网站访客行为统计、人工采集提交等途径,因此,需要创建科学合适的存储器对收集到的各类数据进行存储,从而为后续数据的量化分析做好基础工作。通过建设基于旅游信息标准的智慧旅游云计算大数据库中心,包括旅游信息数据中心和数据交换系统,并将之作为智慧旅游建设的信息基础,对按照统一规则获取的旅游信息根据统一的数据标准进行集中存储,最终可以实现旅游信息的智慧化。

(三)数据清洗

一般而言,所获取的数据会包含所有元素,包括有价值的与无价值的数据信息。对数据所需方而言,不同的数据有不同的效用,现实情况往往复杂烦琐,所以应当利用多种信息技术对大量的数据进行清洗和分类,最终得到所需的数据信息。

数据清洗的原理是通过分析携带信息量较低的数据的产生原因和存在形式,利用现有的技术手段和方法去清洗、纠正这些数据,将原有的不符合要求的数据转化为满足数据质量或应用要求的数据,从而提高数据集的数据质量,保证数据的有效分析与应用。

（四）数据分析加工

通过各项数据分析所形成的对比、占比、趋势等可视化分析报告，有利于企业合理制定充分利用旅游资源的应用策略。例如，对游客大数据进行深入分析挖掘，掌握消费者的旅游信息需求特征，包括目标消费者类型、情感、获取信息渠道等，可以促进旅游营销；而对游客消费数据的分析，可以提早预测旅游企业经营策略，优化旅游产品结构。数据分析加工使得政府、企业、景区等各方具备在大量数据中发现规律的能力，使得那些拥有大数据项目的企业能以一种全新的方式向消费者销售旅游产品，更好提升旅游服务，从而实现旅游产业的智慧化建设。

（五）数据可视化

数据可视化是对数据进行分析处理后的一种表达结果，是表现数据价值的一种方式。可视化技术是利用计算机图形学和图像处理技术，将数据转换成图形或图像在屏幕上显示出来，并进行交互处理的理论、方法和技术，可为政府、企业、景区等各方提供更为清晰、直观的，可供观察、模拟和计算的数据图表，可有效提升综合管理监控能力，提升旅游业务的服务能力。例如，建立智慧旅游数据可视化大屏管理系统，能有效统计分析旅游相关方内外部的数据，包括即时人流量、各时间段人流量、历史时间人流量等数据，并以数据图表的方式形象化展现，使得工作人员能够即时查询相匹配监控点的人流量总数，对重要地区进行实时监测和预警信息处理，提升处理预警信息的工作能力。

（六）数据安全

智慧旅游项目在建设过程中能够获取很多数据信息，旅游行业如何合规使用、保证数据的安全是当前智慧旅游发展的重要议题。从数据获取方式来说，智慧旅游发展至今，从游客在游前通过各大平台查询景区、酒店信息开始就产生了浏览路径，到选定目的地景区、酒店等后会实名制购买景区门票和预订酒店房间，这意味着景区和酒店可以通过微信小程序、PC端官网等方式合规获取数据，如游客的性别、年龄、手机号，以及联动车牌信息、常住地信息等。因此，通过现代化技术对海量数据进行保护是保障智慧旅游应用的系统数据安全的重要途径，可以有效提高智慧旅游的可信度和可靠性。

三、业务层

业务层可根据不同目标对象划分为四个层面，面向涉旅企业（景区、旅行社、酒店等）要加强智慧管理；面向游客要提供智慧服务；面向政府要进行智慧营销；面向IT公司及互联网平台要提供智慧体验。要从智慧管理、智慧服务、智慧营销和智慧体验四方面加强旅游资源和产品的开发与整合，促进智慧旅游的高质量发展。

（一）智慧管理

从政府侧出发，智慧管理包括以下内容：

第一，政府侧应建立大数据中心，实现综合管理指挥职能。智慧综合管理指挥平台是指为各地旅游部门打造的集视频巡查与智能布控、挂图监测、预警处置、可视化指挥调度于一体的智慧旅游建设综合管理平台。平台通过监控视频、图像、前端采集数据等的综合分析研

判来对旅游资源与地理信息进行融合展示,从而可构建涉旅相关方共享协同机制,提升群治效能,提高网格化精细管理水平。

第二,强化市场经济运行大数据监测分析,提升市场经济调节能力。立足智慧旅游新发展阶段,构建政府智慧旅游新发展格局,将数字化技术广泛应用于政府管理服务,推进政府市场经济监测流程优化、模式创新和职能提升,构建数字化、智能化的政府市场经济监测新体制机制,充分发挥智慧政府建设对市场经济运行的引领管制作用。

第三,实行电子合同管理是推动智慧旅游高质量发展的重要路径。近年来,为推动旅游业规范化、智慧化发展,国家旅游监管部门相继出台各项政策,支持旅游行业使用电子合同,以构建更安全可信的签约环境,提升旅客的服务体验。例如:督促旅行社按照"一团一报"制度,在全国旅游监管服务平台填报旅游团队信息,上传电子合同;整合全国旅游电子合同等数据,构建全省旅游团队监管平台,进一步规范旅行社、导游和涉旅企业的经营服务行为,避免因导游、旅行社随意变更行程或增加服务项目侵犯旅游者合法权益,可有效提高旅行社业务效率和服务水平,推进旅游管理智慧化建设。

第四,实行景区分时预约管理。随着信息化技术的发展,景区智慧化建设成为提升景区竞争力、管理能力、服务能力的重要手段。智慧景区的精细化管理和精准化、定制化服务等将成为景区进一步智能化的重要发展方向。智慧化建设可以使景区实现实名制分时预订、预约管理,帮助景区实现安全、高效、规范、自动化的智慧票务管理。具体操作如下:票务平台的管理人员根据协议为旅行社在平台的账号分配可预订的产品内容及可预约的数量等信息,以供游客自行购票,可为游客提供良好的旅游体验。

第五,应急指挥与监测。智慧旅游应急指挥平台是智慧旅游的"中枢大脑",建立智慧旅游突发事件应急指挥中心,有利于面对突发情况时发挥职能效应,进行应急指挥协调,提高突发事件应急处置能力。智慧旅游应急指挥平台可进行集中实时监控、预警,集中为游客提供便民服务,便于各部门工作人员快速发现问题、处置事件,为各级领导提供指挥和决策支持,实现对景区、旅游集散地、线路和区域的突发事件应急处理及客流预测预警。

从企业侧出发,智慧管理包括以下内容:

第一,构建智慧旅游管理平台以实现景区、酒店、旅行社内部管理。以景区为例,结合物联网、大数据、云计算等现代化技术,构建景区智慧旅游管理平台,对其内部实现管理职能,可实现电子票务、停车信息、应急调度等多种数据的综合管理,可节约企业对景区管理方面人力、物力的成本投入,同时也能打造全新的旅游管理模式。以智慧旅游管理系统为基础,通过广泛的信息获取和对环境的透彻感知以及科学有效的信息处理,可最大化创新旅游企业内部管理模式,有效提高旅游企业运行效率。

第二,平台型企业智慧管理。平台型企业是基于双边网络双方点对点的价值交换,使得旅游交易效率更高、流程也更精简,消除了一定的信息差。平台型企业以在线旅行社、在线旅行商(OTA)为代表,以互联网为基本业务平台,以电子信息技术和移动电子商务等高新技术为支持,主要开展在线经营旅游咨询、在线订购与交易、电子导游、旅游定位系统、网上虚拟旅游、旅游搜索等业务。对平台型企业进行智慧化的内部管理,能有效加大旅游信息的整合力度和扩大旅游信息的范围,促进旅游行业的智慧化建设,显著提升用户体验。

第三,其他类型企业管理。智慧旅游的不断快速发展,有效改变了我国传统旅游管理模式,积极推进了现代化管理模式的运用。通过充分利用现代化信息技术,其他类型企业能够及时监督、控制旅游信息,同时能够有效提高旅游管理效率,能够有效维护旅游秩序,提高旅游管理的科学性。通过搭建特殊的旅游技术平台,企业能够不断推动旅游产业的创新,实现智慧旅游愿景。

（二）智慧服务

在智慧服务方面,旅游目的地(包括景区)应为游客提供旅游基础信息服务,以及基本功能服务。

从旅游基础信息服务来看,旅游目的地(包括景区)可利用大数据应用平台为游客提供导航、公共信息等基础信息服务。以苏州市旅游咨询中心为例,站在旅游咨询中心大厅的三维实景电子沙盘前,游客只需点击"虚拟旅游",就能随着大屏幕,在景点里"游玩"一番,并能查询到电子地图、智能公交、火车车次等。旅游咨询中心可以为游客提供咨询宣传、线路推荐、投诉接待、应急援助、购票、导游讲解等服务,为旅游市场提供服务引导。近年来,全国各地不断采取建立旅游咨询中心、游客服务中心、旅游咨询网站,以及开通咨询热线等多种方式来优化旅游公共信息服务。建设智慧旅游服务网络,可利用旅游部门信息化资源,搭建智慧旅游信息服务平台。

从基本功能服务来看,旅游目的地(包括景区)可借助一体化软件和全域旅游导览系统为游客提供自助导览、语音导览、AR/VR沉浸式体验、延伸消费、数据及时更新等服务。以景区智慧导览系统为例,景区智慧导览系统将精美手绘地图与智能软件服务相结合,让游客通过手机即可获取一对一的智慧导游服务,满足游客景区信息查找需求,帮助景区实现全景展示、景点讲解、路线推荐、信息传递等一体化导览服务,从而提升景区服务质量、改善游客游览体验。目前,景区智慧导览系统功能越来越全面,除了定位和导航服务,游客还可以点击景点图标浏览图文介绍,或扫描景区对应景点粘贴的二维码浏览相关信息,收听中文、英语等任一语言语音讲解,在游览过程中体会景点的文化内涵。游客还可以查询景区公共服务设施的位置,地图上会显示其位置,并将游客导航到附近。有些软件还可以跳转到第三方VR全景系统,游客可在门票、酒店、商城等第三方预订系统进行支付。智慧导览、AR/VR沉浸式体验等作为游客游玩和景区管理的提升要点,有利于推动旅游目的地数字化建设、提高旅游目的地服务质量、促进旅游行业进一步向智慧化发展。

（三）智慧营销

智慧营销基于旅游大数据平台对游客进行精准定位与精准营销,全方位整合各业态数据,进而制定有针对性的营销方案和营销策略。

从旅游目的地(包括景区)方面来看,第一,对智慧旅游品牌进行构建,不断整合资源形成文旅融合发展新格局,如推出智慧旅游服务平台,规划设计出旅游目的地特色旅游线路与产品,制定出自驾游行程安排,等等。第二,针对旅游目的地独有的自然风光和人文景观,进行全矩阵式内容生产,包括但不限于短视频、图片、文本等形式,展现出旅游目的地的独特性与市场定位,同时使得内容生产可持续化、系列化,源源不断地吸引游客,进行推广营销与宣

传,加强引流效应。第三,通过多种渠道扩展营销宣传面,如微信公众号、微博、小红书、抖音、快手、OTA等,不同的平台用户画像不同、目标人群和宣传方式也不同,因此要对不同的渠道进行一对一的宣传推广和管理经营,全方位强化自身的独特内容及生产特点,形成沉淀,进而吸引游客关注,为智慧营销打下坚实基础,实现宣传效应最大化。第四,注重游客对旅游体验的反馈,并有针对性地进行改造优化,游客满意度与评价作为智慧旅游建设的核心,应从多渠道重点关注游客对旅游目的地智慧旅游建设的满意度现状探讨与反馈,从而进行优化提升,最终为游客提供更加优质、便利的服务,带给游客更好的旅游体验。第五,对生产好的内容进行销售、策划,尤其要注重电商运营平台的宣传推广,扩大对旅游目的地文化旅游品牌的宣传,开展一系列旅游活动,进一步宣传旅游目的地文化旅游资源,扩大其知名度,提升其旅游形象。

从平台企业方面来看,首先,要注重流量的发展扩大,以进一步提升平台企业的流量数据,扩大目标人群覆盖面。其次,通过提取平台上游客发表的评价和体验感悟的关键词,进而对自身的智慧营销方向与方式进行梳理和总结,形成提升要点,为智慧营销建设实践做好基础信息工作。最后,有针对性地对游客体验数据进行转化提升,进而推动智慧营销的高质量发展,为游客提供更加优质的产品与服务,不断扩大宣传覆盖面。

(四)智慧体验

智慧体验指智慧设施使用体验,具体包括沉浸式体验、主题演艺、光影秀、5D设施动感体验、剧情IP空间类体验。

第一,沉浸式体验即运用全息投影、AR、VR等科技手段,通过全景式的视觉、触觉、听觉、嗅觉交互体验,以游戏、情境感音频和视频、戏剧、游乐设施、装置性空间展览等为输出途径,使游客有一种身临其境、沉浸其中的感觉。互联网技术的崛起,高科技的应用,将使人类进入"时空的穿梭"和"虚拟世界"时代,旅游产业也将迎来体验化的新时代。例如:利用3D投影映射技术和动作捕捉技术把餐桌变成一场有趣表演秀的"舞台";利用全息投影技术,游客可以身临其境地坐在沙漠、雪山、海底用餐;将展览品通过全息投影展现,游客可对展品进行全方位观赏,获得空前的科技感体验等。

第二,主题演艺。在文旅融合背景下,旅游演艺企业以特色历史文化内容为基础,将文化、创意、科技三者结合,对不同领域的技术进行创新性跨界组合运用。运用创意与数字化手段,通过将三维技术融入舞美影像制作,把声、光、电、影、音整合为震撼的舞台视听综合呈现。在舞台视觉表现方面,则结合纱幕、皮筋幕、雨丝幕、全息膜等先进设备辅助舞美影像呈现,让影像变得立体逼真、可触可感。同时,运用贴合演出内容的舞美设计与多媒体技术,让演出的互动性、实时交互性越来越强,新颖的视觉呈现方式让表演更加立体生动,真正打破舞台时空局限,实现创新发展。

第三,光影秀是指通过声、光、电、水、雾、火、全息投影与多维激光等一系列不间断的连环视觉特效,打造奇、惊、美、艳、绝的光影秀,呈现一场无与伦比、光彩夺目的视听盛宴,让游客形成无比震撼、超乎想象的感官体验。光影秀能够解决夜间旅游空白的困境,让游客感受精彩的夜游体验,能有效促进夜间消费,提高旅游经济水平,推动智慧旅游发展。

第四，5D设施动感体验是指努力营造一种"沉浸感"，在播放5D电影的同时，现场环境穿插各种特效，同时使用一些辅助设备让人有身临其境的感受。

第五，剧情IP空间类体验则是通过动漫、影视、游戏IP跨界赋能，"造形象"与"造场景"并行，"原创"与"引进"同在，以此进行IP主题的衍生空间的开发，打造文旅融合的剧情IP沉浸式体验空间。

四、模式层

智慧旅游运作模式共有四类，即创新商业模式、业态（文旅）融合模式、平台运营模式和数据共享模式。

（一）创新商业模式

中国旅游业已经从大众观光的"门票旅游时代"向深度休闲度假的"泛旅游时代"转变，智慧旅游新商业模式也随之应运而生。创新商业模式指通过整合线上线下资源以及进行新媒体营销，对旅游目的地的商业模式不断探索、实践与创新，进而实现全价值链旅游生态圈。通过"互联网＋"为智慧旅游赋能，创新智慧旅游行业发展新渠道与新通路，以实现智慧旅游商业模式的改进与提升。

（二）业态（文旅）融合模式

业态（文旅）融合模式是指对旅游目的地资源进行分析研究，广泛应用数字化、智慧化手段，大力发展"旅游＋"跨界融合模式，不断融合新业态，改变以单一旅游形态为主导的旅游产业结构，构建起以旅游为平台的复合型智慧旅游产业结构，进而发展全域旅游，打造精致的旅游业态，推动智慧旅游高质量发展。

（三）平台运营模式

平台运营模式是指在智慧旅游中运用"一机游"智慧旅游平台、智慧旅游综合服务管理平台等的模式。以"一机游"为例，"一机游"通过深度整合物联网、云计算、人工智能等技术，打通所有智能设备和信息平台的数据链路，促使大数据管理模式形成，推动景区、旅游集团、行政区域的旅游产业高度智慧化，全面创新旅游服务、营销和管理。"一机游"全面整合资源，合理分类"引客—迎客—留客"资源，分类化打造旅游产品，推出主打旅游产品。全面利用新资源，包括环境旅游资源、生活旅游资源、产业旅游资源等，打造观光、商务、城市、乡村、文化、休闲、度假等各种旅游方式。推动"旅游＋"产品体系建设，形成"城在景中、景在城中"的旅游新格局。

（四）数据共享模式

数据共享模式是指通过多源数据的接收整合、挖掘分析与形象展示，构建数据平台的分级开放体系，建设相应的共享数据库，并进行管理和调用，通过大数据共享交换技术向政府部门、企事业单位、社会公众提供数据信息服务，实现旅游客流、旅游消费和旅游服务数据共享。

五、对象层

智慧旅游目标对象层主要包括涉旅企业(景区、旅行社、酒店等)、游客、政府、IT公司及互联网平台。涉旅企业包括旅游景区、旅行社、酒店等;政府包括以政府为代表的目的地的旅游主管部门和客源地的旅游主管部门;IT公司及互联网平台包括OTA、旅游互联网公司等。四者共同构成了智慧旅游的服务对象,体现了智慧旅游以人为本的核心理念。

第二节　智慧旅游利益相关方

智慧旅游涉及政府、涉旅企业、游客、IT公司及互联网平台四个主体,智慧管理、智慧服务、智慧营销、智慧体验为智慧旅游四要素。智慧旅游利益相关方关系图如图2-2所示。

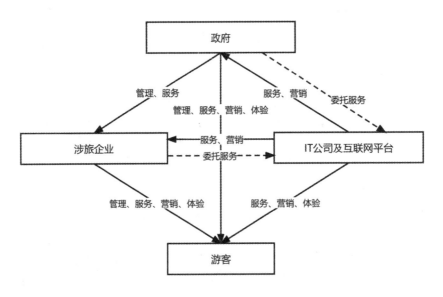

图2-2　智慧旅游利益相关方关系图

一、政府

政府为涉旅企业提供智慧管理、智慧服务。智慧管理包括信息发布、实时数据统计、智能库存管理、智能财务、旅游电子商务、旅游预测预警、综合安防监控等方面,为涉旅企业提供软件和信息化服务,推动全域智慧旅游的建设与发展。智慧服务则依托云计算、大数据、5G技术等为涉旅企业提供游客信息服务、游客画像大数据服务、区域管控大数据服务等,助力提高涉旅企业的综合运营能力。

国家部委应主要为游客提供智慧管理、智慧服务。智慧管理即依托智慧综合管理平台,综合统计旅游企业、旅行社、旅游目的地等所提供的旅游资讯,统一将旅游的各个参与方连成网络,对产生的庞大数据进行收集、挖掘和分析,以整合资源、产生优化方案并实时提供给游客,便于游客旅游计划的管理与实施。智慧服务即为游客提供一站式旅游目的地信息导览服务与信息资讯服务,以及为游客提供更加便捷的智慧旅游服务系统。

各级的目的地政府应主要为游客提供智慧营销、智慧体验。智慧营销是指政府将各旅游目的地策划的旅游产品通过大数据、云计算等现代化新兴技术推荐给游客,从而使游客对营销产品更加了解,以便选择更为合适、优质的产品与服务。智慧体验是指政府为游客提供了更为便捷、准确的服务,使得游客在旅游前、旅游中、旅游后都充分体验到智慧旅游的建设与发展,从而提升游客的旅游体验,让旅游变得更有趣、更便捷。

政府对IT公司及互联网平台则有委托服务,以政府为主体,共同促进旅游业向智慧旅游转型发展。

二、涉旅企业

涉旅企业主要包含景区、酒店、旅行社等,主要为游客提供智慧管理、智慧服务、智慧营销、智慧体验。

智慧管理是指统计景区内外客流、实时客流、客流总数、区域客流排名、游客停留时长、各时段客流量、历史客流等数据,并以图表的形式直观展示,从而为游客提供更好的管理服务,提升游客体验。

智慧服务是指景区、酒店等为游客提供包括但不限于游客定位、智能导航、电子门票、电子地图、电子导游、智能导购、手机客户端软件、电子支付、互动社交服务、智能卡等方面的服务。通过互联网/移动互联网,游客可以主动感知旅游资源、旅游经济、旅游活动、旅游者等方面的信息,并及时安排和调整工作与旅游计划,从而达到对各类旅游信息的智能感知、方便利用的效果。

智慧营销是指旅行社、景区等为游客提供旅游资源展示、游客资源分析、互动营销、精准营销、品牌推广、智能优惠券等方面的营销活动,并且根据不同游客的不同需求进行个性化方案的制定,以此来满足游客的需求。

智慧体验则是指涉旅企业凭借以"智慧管理、智慧服务、智慧营销"为基础的智能、高效、统一的多元化新型旅游管理模式,通过科技应用为游客带来沉浸式体验,同时为游客增加全新旅游产品的供给数量和提高产品质量,极大提升游客的旅行体验,让游客游玩"更智慧""更创新"。

涉旅企业也对IT公司及互联网平台有委托服务,以更好建设智慧旅游综合管理平台,促进旅游行业的智慧化建设与发展。

三、游客

游客是智慧旅游服务的最终受益方,也是智慧旅游建设最终的终端用户,游客对智慧旅游服务与体验的满意度是评估智慧旅游建设效能的重要方面。随着技术的不断进步,智慧旅游对游客提供的服务也变得更加泛在化、智能化、人性化。智慧旅游建设应始终把游客体验放在优先位置。

四、IT 公司及互联网平台

IT 公司及互联网平台为政府、涉旅企业提供智慧服务、智慧营销，包括去哪儿、携程等在线旅游平台和深大智能等 IT 公司。智慧服务是指 IT 公司及互联网平台建立面向国家旅游相关部门和涉旅企业的智慧旅游综合服务平台，利用现代化的信息技术，依托智慧旅游云平台、大数据平台等为政府相关部门以及涉旅企业提供相应服务，能有效提升智慧旅游服务品质，构建多级一体化的智慧服务体系。智慧营销是指 IT 公司及互联网平台通过数字化技术搭建全域旅游营销推广平台与渠道，着力整合区域旅游资源信息，依据收集的游客的年龄、喜好、旅游路线、消费水平等信息，让大数据落地应用，形成精准有效的营销方案以提供给政府相关部门与涉旅企业，使政府相关部门与涉旅企业更方便地把控管理、提高服务效率与收益。

IT 公司及互联网平台为游客提供智慧服务、智慧营销、智慧体验。智慧服务是指 IT 公司及互联网平台通过构建智慧旅游综合服务平台，为游客提供虚拟旅游、微信服务、语音广播、人脸识别系统等智慧服务，以便游客获取旅游目的地及旅游各要素信息、规划旅行路线、购买旅游商品、预订门票和酒店等，进一步提高游客的舒适度与旅游的便捷度。智慧营销是指 IT 公司及互联网平台利用大数据挖掘游客旅游行为，利用新媒体传播特性吸引游客参与旅游的传播和营销，以挖掘游客兴趣和需求，为游客提供便捷的服务，实现旅游产品的精准营销。智慧体验是指 IT 公司及互联网平台围绕吃、住、行、游、购、娱，使智慧化建设充分服务于游客，不断提高旅游的便捷度、满意度和美誉度，提升游客的智慧游玩体验。

教学互动

（1）智慧旅游的总体层次为何划分为五层？
（2）智慧旅游利益相关方的四个主体之间是什么关系？

本章小结

本章主要学习了智慧旅游的层次模型框架，包括基础设施层、数据层、业务层、模式层与对象层五个层次，以及智慧旅游利益相关方，即政府、涉旅企业、游客、IT 公司及互联网平台四个主体。

重点概念

智慧旅游层次模型　智慧旅游利益相关方　智慧管理　智慧服务
智慧营销　智慧体验

章节测验

第三章

智慧旅游管理

本章概要

本章着眼于智慧旅游管理，整合了数字化管理行业案例，分别探讨了旅游行业中政府治理、企业管理、旅游市场主体的数字化发展，以此明晰中国智慧旅游行业管理发展脉络，为学生了解智慧旅游提供了整体的视角。

学习目标

◁ **知识目标** ▷

(1) 了解地方和企业管理的数字化。
(2) 熟悉整体管理部门的平台。
(3) 掌握政府管理部门的功能、架构。

◁ **能力目标** ▷

对于政府和企业管理中的数字化有宏观了解。

◁ **素养目标** ▷

(1) 促使学生了解什么是智慧旅游，如何利用数字化手段推动企业转型升级，从而催生中国特色社会主义经济建设的新力量。
(2) 促使学生深入了解旅游行业数字化应用，将所学运用到实践中，为社会提供更多、更有效的智慧化平台，从而有力推进社会建设和发展。

第三章

智慧旅游管理

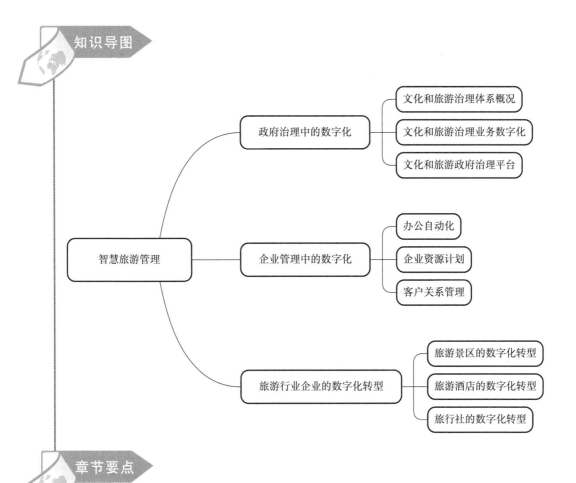

知识导图

章节要点

智慧旅游平台　办公自动化(OA)　企业资源计划(ERP)
客户关系管理(CRM)

案例导入

三亚旅文智慧平台新构建

三亚旅游文化投资集团有限公司(以下简称集团)成立于2019年,注册资本为人民币12亿元,集团现有职工总人数约2000名。截至2019年9月,集团资产总额为80亿元,是隶属三亚市国资委管理的大型国有企业之一。

集团主营旅游目的地、旅游服务、旅游消费、城市文化运营、会展节庆及文化体育赛事等业务,致力于通过横向拓展文旅资源,纵向延伸文旅产业链,全面整合全市乃至全省、国内优质文旅资产,成为区域社会、文化、经济发展的强动力引擎,

建成全国知名的现代旅游投资企业。

在智慧旅游平台方面，集团在2022年12月底携手三亚市图书馆在微信公众号中推出"数字文旅手绘三亚特色资源库"项目，该项目包含"手绘三亚""知识互动""数据地图""本馆特色""我要搜索"五大板块，上线"特色美食分布图""旅游景区分布图""文物文化分布图""文体休闲分布图"等以三亚市地图为底板的六张手绘地图，这是智慧文旅服务的创新尝试。

在OA（办公自动化）的构建方面，集团携手数字化工作专业服务商蓝凌，构建集公文处理、统一门户、协同办公、事务处理、知识管理、移动办公等于一体的数字化OA系统，支持集中部署、多级组织架构、表单流程灵活配置，集成业务系统数据、预算及费用管控，赋能全员高效协作与集团管理。其中在人员管理方面，集团基于人事档案、人事门户、招聘管理、人事流程、绩效管理等，构建了以员工为中心、以数据为基础，涵盖员工职业全周期一体化管理的HRM平台，支撑集团深掘人力资源价值。

伴随着数字化应用的不断深化，新平台将进一步提升集团数字化水平，支撑"旅游+"产业融合与创新发展，推动管理数字化、协作移动化、服务标准化的多层次数字化建设进程。

第一节 政府治理中的数字化

一、文化和旅游治理体系概况

（一）国家部委层面

文化和旅游产业一直是一个综合性产业，在中国文化和旅游产业高速发展的背景下，我国更注重治理体系的建构。为了适应旅游业的高速发展，旅游主管部门机制体制也在不断变革。从治理主体来看，文化和旅游业是一个综合性产业，并且在中国发展起步晚、治理难度大，仅靠旅游主管部门单方的力量难以推进，因此，我国文旅治理一直采用的是中央和地方协调治理的模式。

数字化深刻影响了政府在旅游方面的治理，政府传统的旅游治理体系已逐渐向智慧化管理发展。国家部委从全局上构建了综合管理指挥平台，依托数据的采集和处理实时监测全国市场经济整体运行状况，及时调整国家旅游政策，促进国家旅游经济平稳发展。

（二）地方层面

地方政府在旅游智慧化管理中自上对中央负责，紧扣上级业务利用信息平台进行旅游数据的统计,通过分析结果对地方市场进行调整,迎合中央政策进行产业的扶植和资源的开发;自下统筹地方,通过数据平台建设收集信息,对涉旅企业和个人进行监管和服务。地方政府顺应当地个性化需求,通过平台的建设和应用,把握当地旅游发展实况,对市场、客情、消费等方面进行统筹和分析,同时对旅游高峰进行预测监管;因地制宜发展乡村旅游、冰雪旅游、海岛旅游、自驾游等多元化旅游产品,同时通过各渠道对发展对象进行营销宣传,包括品牌建构、短视频和微信公众号等平台的内容生产,对宣传渠道如微博、小红书、抖音、快手等进行管理。

(三) 总结

国家文化和旅游的智慧化治理体系所依托的因素是旅游相关数据,归根到底,政府侧关心的数据主要包括:数量、时空、消费、主体和产业等几个方面。数量指的是在某一时空旅游的人次与人数;时空指的是这些游客的流向、来源和分布;消费包括游客的消费数值、偏好的决策行为及依托以上数据构建的游客画像;主体即对旅游企业的统计数据,包括企业的产品经营、企业诚信、服务质量和其他基础数据等;产业是指旅游产业的布局、发展规模和发展速度等。

二、文化和旅游治理业务数字化

(一) 文化和旅游市场管理与监督

1. 文化和旅游市场、行业主体监管

文化和旅游部作为我国文旅管理主体,承担着指导文化和旅游市场发展、对文化和旅游市场经营进行行业监管、推进文化和旅游行业信用体系建设、依法规范文化和旅游市场的职责。在文化产业方面,文化和旅游部主要承担对网吧、歌舞娱乐场所、艺术品拍卖、演出演艺场所的行政审批、复核、管理等。在旅游产业方面,文化和旅游部监管着旅游市场主体,主要是对旅行社的管理,工作主要涉及电子合同、旅行社团队信息的监管以及导游资格认定和人员信息的统计。

文化和旅游的监管必须建立标准化的制度,使监管工作有法可依。文化和旅游部自成立以来,不断加强文化和旅游领域的立法工作,出台了《中华人民共和国旅游法》等相关法规,持续推进文化和旅游领域"放管服"改革,放宽市场准入,促进公平竞争,保护知识产权,打造市场化、法治化、国际化的营商环境,进一步激发了文化和旅游市场主体创新创造活力。目前,文化和旅游部指导全国旅游标准化技术委员会、全国剧场标准化技术委员会等9个全国专业标准化技术委员会,积极推进文化和旅游标准化工作。截至2022年10月1日,文化和旅游领域标准数量共247个,其中文化领域134个,旅游领域113个。

在旅游方面,根据"十四五"规划要求,文化和旅游部进一步加强、完善了旅游市场信用监管制度。党的十八大以来,文化和旅游部在中央的意见指导下建立了旅游市场信用监管工作综合协调机制,完善了旅游市场信用管理制度,编制了涉旅游市场公共信用信息基础目录和补充目录、失信惩戒措施基础清单和补充清单。同时还对全国文化和旅游市场信用管理系统进行了升级,加强了信用信息归集、公示和共享,建立了完善的旅游市场主体和从业

人员信用档案,为推进"放管服"改革、规范市场秩序、优化营商环境和推动高质量发展提供了重要的支撑保障。

在文化方面,文化和旅游部持续深化"放管服"改革,进一步优化营商环境,不断增强企业发展的内生动力,促进演出市场繁荣发展,更好地满足人民群众多样化、多层次的精神文化需求,助力加快形成新发展格局。文化和旅游部推出一系列措施,推进建设多个信息监管服务和信息公开平台,持续提升审批效能、明确监管规则、规范新业态发展,简化了文化产业主体办事流程,推动了信息流通和高效管理,进一步激发了市场主体活力。

2. 目的地文化和旅游经济运行监测

为了保持旅游经济又好又快发展,加强国家宏观决策部门、旅游主管部门对旅游经济运行的预见性和宏观调控能力,2009年,国家旅游局(现文化和旅游部)重点建设的中国旅游经济运行监测与预警系统,目前正由文化和旅游部政策法规司牵头负责、中国旅游研究院具体实施。

中国旅游经济运行监测与预警系统主要由信息收集子系统、信息分析子系统、信息发布子系统构成,根据旅游市场指数、旅游产业景气指数、企业家信心指数及参考指数来监测旅游经济运行。上述指数包括30多项具体指标,反映旅游需求、旅游供给、旅游业人员和外部因素四个方面运行状况和趋势。

目前,旅游经济文化和旅游部重点实验室建成了传统和大数据技术相结合的数据采集和分析仿真系统。据相关负责人介绍,实验室在包括旅游市场调研和数据分析方面,建立了多媒体数据采集和监测平台,涵盖微信端、网络端等流量入口,能够实时开展调研,并针对旅游服务质量展开系统性的调查分析,对全国60个城市、全球100多个国家和地区的旅游服务质量进行定期监测,全年调查样本20余万个,自动抓取游客评论数百万条。此外,实验室还搭建了面向产业和目的地的数据调研监测网络,包括600个样本企业、观测站和地方数据报送和监测系统等,并开展在经济运行方面的统计分析,包括游客满意度和旅游经济运行仿真系统、入境花费调查样本上传系统、出入境旅游市场数据分析系统、旅游业综合贡献测算系统,以及旅游统计数据库系统。在国家旅游大数据方面,实验室具备国家旅游大数据App、乡村旅游、都市旅游、自驾游等专项大数据开发和数据中心合作网络集成系统。

(二)旅游资源管理

1. 旅游资源信息收集:旅游资源普查

旅游资源是旅游业发展的载体,正确认识、全面了解旅游资源总体概况,是资源保护、产品开发、规划编制和科学决策的前提条件,是一项十分重要的基础性工作。旅游资源普查是利用现代技术手段,对一定区域内旅游资源开展调查,进行分类定级和系统管理的过程。开展旅游资源普查有利于全面摸清旅游资源家底,为优化旅游空间布局、科学编制旅游发展规划提供基础依据;有利于加强资源科学保护和合理开发,促进优质旅游资源向优质旅游产品转化;有利于向广大群众展示更多、更优、更具特色的旅游资源,增强人民群众的文化自信和对祖国大好河山的热爱,提升民族自豪感和认同感。2019年,文化和旅游部确定海南、贵州、四川、青海、浙江、内蒙古、重庆7个省(区、市)为全国旅游资源普查试点省份,先行先试,积极探索,取得了良好成效,为全国开展旅游资源普查工作提供了样板和示范。

旅游资源普查采取"统一指导、分省普查"的方式进行。文化和旅游部对各地旅游资源普查工作进行指导,制定相关政策和规范;各地结合地方实际,遵从中央规范与规定,科学组织实施所属区域范围内的旅游资源普查。

文旅资源普查是"十四五"时期文化和旅游发展的一项重要的基础性工作,应着力推动文旅资源普查规范融合化、普查技术数字化、普查方式协同化、成果应用多元化和持续化,以进一步摸清文旅资源家底,提高保护利用与管理水平,推进国家公园和国家文化公园建设,促进文旅深度融合和高质量发展。

2. 旅游资源管理前提:分类系统与类型评价

旅游资源包括生态旅游资源、文化旅游资源和服务旅游资源等,资源涵盖范围大、种类多样,如何对其进行细致的剖解和分类成为旅游资源管理的重要前提。

关于旅游资源的分类,学术界也有不同见解,大体有以下几种划分方法:按资源的客体属性,旅游资源可以分为物质性旅游资源、非物质性旅游资源和物质与非物质共融性旅游资源;按资源的科学属性,旅游资源可以分为自然景观旅游资源、人文景观旅游资源和服务性旅游资源;按资源的发育背景,旅游资源可分为天然赋存性旅游资源、人工创造性旅游资源和两者兼具的复合性旅游资源;按资源的开发状态,旅游资源可分为已开发旅游资源(现实态)、待开发旅游资源(准备态)和潜在旅游资源(潜在态);按资源的可持续利用潜力,旅游资源可分为可再生性旅游资源与不可再生性旅游资源。

经多位专家构思与撰写,目前我国旅游资源分类和评价体系主要遵循《旅游资源分类、调查与评价》(GB/T 18972—2017)的评价标准。该标准将旅游资源分为"主类""亚类""基本类型"三个层次,旅游资源评价根据"旅游资源共有因子综合评价系统"赋分,评价项目为"资源要素价值""资源影响力""附加值"。

3. 旅游资源管理新手段:智慧旅游平台

21世纪的前10年,在电子商务、景区管理、旅游消费等方面,国内旅游企业和管理部门已做出诸多尝试,取得了不错的成效,以旅游电子商务为代表的多种现代服务方式已经为人们所普遍接受。而如今,随着大数据和信息化的发展,智慧旅游给旅游数据管理提供了新的方式。

智慧旅游的概念缘起于智慧地球,是通过"智慧"的旅游管理平台,利用全国各地的旅游资源,借助云计算和物联网技术,实现旅游的集约化、智能化、统一化的管理,提高国家对分散的旅游资源管理相关问题的决策能力,扩大旅游产业所涉及的服务业领域,以旅游业为主导,带动吃、住、行、游、购、娱等相关产业联动式的发展;利用物联网技术,在各类旅游资源中设置多种类型的传感设备,用于感知旅游资源的ID、属性、状态、位置等各类信息,形成智慧旅游感知体系的神经末梢;采用最先进的无线传感自组网络技术,与互联网结合,用于传递各类感知或控制信息,形成智慧旅游感知体系的传入/传出神经网络;结合GIS技术、信息资源整合技术与商业智能技术,整合各类感知信息,进行数据分析等加工再利用,形成智慧旅游感知体系的大脑。

为实现以上目标,智慧旅游管理平台应运而生。该平台可以动态、可扩展地接入多种应用终端和传感节点,融合多种服务系统,并提供旅游景点的智慧营销、智慧导游、智慧导购、交易结算、智慧管理、信息资源管理等基础应用服务,以及和旅游相关的其他行业的增值类应用服务,同时为其他涉旅企业提供平台支撑的开放性业务。

(三)旅游数据统计

我国传统的统计数据分析的展现形式多以年报、年鉴为主。近年来,随着我国旅游产业的蓬勃发展,旅游产品类型和游客类型不断增多,旅游数据统计的难度也日益加大,传统的旅游数据统计方法已无法满足我国大众旅游、全域旅游时代的旅游业发展要求,我国旅游数据统计模式需要新的变革。

由于大数据技术的逐渐发展与完善,它在旅游统计工作中的应用使得旅游统计数据的质量得到优化,提高了统计数据的使用价值。目前,政府对于数据统计采用"内部+外部"的数据模式,内部数据是行政流程沉淀的自有数据,外部数据则吸收了行业中的多源数据。这扩充了原始数据的体量,能够满足精确化、多元化的数据处理需要。而目前政府也在尝试利用大数据技术对旅游人次进行统计,为旅游监测奠定基础。

三、文化和旅游政府治理平台

(一)全国文化市场技术监管与服务平台

1. 平台职能

为加快文化市场管理的信息化建设,不断提升管理和服务水平,2012年我国启动了全国文化市场技术监管与服务平台项目建设,经过近一年的建设,文化市场基础业务应用系统基本完成开发工作。全国文化市场技术监管与服务平台项目秉承市场监管业务和信息化顶层设计原则进行整体设计,并按照统一规划、集约建设、突出重点、分步实施、统一管理、分级部署、自主可控、综合防范的建设原则,依托信息网络技术,逐步建成支撑文化市场的宏观决策、市场准入、综合执法、动态监管和公共服务等核心应用,实现市场准入、动态监管、综合执法业务的集中和统一,提供对不同利益相关者信息化应用的全方位服务支持,推进文化市场管理执法的标准化、规范化、信息化和科学化,为文化大发展大繁荣创造良好社会文化环境。

2. 系统架构

平台有9个入口,分别为文化市场经营单位入口、文化市场管理部门入口、文化市场执法部门入口、营业性演出经营单位入口、文化准入管理部门入口、全国演出经纪人员资格考试报名入口、剧本娱乐活动经营单位入口、网络演出剧(节)目经营单位入口以及全国演出经纪人员管理与服务系统入口。全国文化市场技术监管与服务平台网页界面如图3-1所示。

图3-1 全国文化市场技术监管与服务平台网页界面

(二) 全国旅游监管服务平台

1. 系统架构

自2016年6月启动建设以来,全国旅游监管服务平台已建成旅行社资质、导游管理、团队管理、电子合同、投诉举报、案件管理、权限管理7个功能模块,并将陆续建成统计模块、信用管理模块。

平台设有8个入口,分别是旅游管理部门入口、旅行社和行业组织入口、星级饭店入口、全国导游资格考试报名入口、全国中高级导游等级考试报名入口、导游入口、在线培训学员入口和旅游民宿入口。

2. 平台职能

全国旅游监管服务平台是一个集大数据监管与开放式服务为一体,投诉审批顺畅高效,事中事后监管智能化,信息互联互通的政务平台。平台各组成部分职能分工明确。旅行社在线审批管理系统使旅行社的备案和审批可一键受理、信息共享、全程可视。投诉案件管理系统使游客的投诉举报形成"及时受理—快速处理—限时反馈—准时跟踪"的闭环,实现"群众少跑腿,信息多跑路"。电子导游证和导游App方便游客了解和评价导游执业,使执法部门实时掌握旅游团活动轨迹,预警导游擅自变更行程。电子合同提供电子商务认证中心认证及验真功能,通过合同价格监测预防"不合理低价游"。该平台对行政审批和事中事后监管产生的大数据进行归集,使数据融通、集成及共享,实现市场监管常态分析和科学研判,实时掌握旅游经济运行状况,加快旅游市场监管实现社会化、扁平化、实时化、常态化、智能化,为新时代旅游业高质量发展提供有力支撑。全国旅游监管服务平台网页界面如图3-2所示。

图 3-2　全国旅游监管服务平台网页界面

（三）A 级旅游景区管理系统

1. 平台职责

随着旅游业的快速发展，尤其是旅游景区的快速发展，行业和游客对旅游景区信息的需求不断增加，加强旅游景区管理已迫在眉睫。为此，文化和旅游部将 A 级旅游景区管理系统作为一项重点工作进行建设，以满足全国景区信息管理的需要。A 级旅游景区管理系统网页界面如图 3-3 所示。

图 3-3　A 级旅游景区管理系统网页界面

2. 系统架构

为满足基层景区报送、各级文化和旅游主管部门监管服务需求,文化和旅游部建立了一个高效便捷的景区专项管理系统,该系统设计6个业务板块:信息公开、基础信息、经营数据、项目库、等级申报、等级复核。其中,信息公开板块主要包括通知通告、政策法规、文件下载、管理培训和数据报告功能,便于信息披露和交流;基础信息板块能便于各景区填报和变更相关信息,确保景区资料的实时更新;经营数据板块能查看景区季度、年度等数据报告;项目库板块负责各景区项目资料的统计和管理;等级申报和等级复核板块则便于景区获得即时的等级评定反馈。

(四) 文化和旅游部综合监测与应急指挥平台

1. 平台职责

文化和旅游部综合监测与应急指挥平台基于大数据分析及人工智能技术实现全网、全媒体覆盖,以及7×24小时数据监测,围绕行业关注重点和文旅网络热点进行监测,按照信息分类管理,实现主题监测分析、热点专题趋势分析、传播分析等功能。

2. 系统架构

文化和旅游部综合监测与应急指挥平台着力突出运行监测、应急指挥、分析预测三大功能。目前,文化和旅游部正在不断创新平台功能,接入多维数据。

(五) 地方建设的智慧旅游管理平台

1. 杭州旅游大数据中心

杭州作为"中国最佳旅游城市",率先在全国启动旅游大数据中心建设,通过海量异构数据的专业化整合集成、关联共享、深度挖掘和安全防护,实现数据资源的综合应用、深度应用,为政府、企业和游客提供决策和咨询服务。

杭州市旅游经济实验室(旅游大数据中心)依托信息技术应用和大数据集成,构建以游客、旅游企业、旅游行政管理部门为主体的旅游产业数据采集、整合和分析体系,推动利用大数据来完善政府管理、改善旅游企业运营、帮助旅游者消费决策。建设内容可简单概括为1个数据平台、3个支撑体系(数据采集、数据分析、数据应用)和3个应用服务(政府决策、企业运营、公众服务)平台,简称"1+3+3"结构体系。

实验室先后与运营商、金融结算公司、互联网搜索引擎、OTA等单位合作,并横向整合交通、气象、环保等部门的涉旅数据,形成以游客的行前预订、行中行为和行后反馈为主线,面向产业主体的、多元结构的动态数据采集体系。通过数据库的创建和数据资源层、应用支撑层、信息服务层(展现层)等平台整体架构的建设,实验室实现多源数据的接收整合、挖掘分析、形象展示,支撑以政府、企业和公众为中心的精准营销、营运优化、信息查询等应用场景。

实验室还围绕开放共享,推进旅游大数据应用的建设。首先,针对不同访问权限下的数据查询、下载和整合需求,实验室构建数据平台的分级开放体系,向政府部门、企事业单位、社会公众提供数据信息服务,实现旅游客流、旅游消费和旅游服务数据共享。其次,实验室推出适配手机的大数据移动客流监测App,实现钱江新城、武林广场以及西湖音乐喷泉等重点区域的实时客流与历史客流查询,具备客流警戒值的自动预警推送功能,推进旅游日常监管调度及应急指挥向数字化、网络化、自动化迈进。最后,实验室以杭州旅游官方微信"在杭州"为载体,推出面向公众的钱江新城灯光秀、断桥和苏堤等重点区域的实时拥挤度查询模块,实现游客对重点区域客流信息以及历史数据的实时查询,引导规划合理游玩路线。

2. 云南智慧旅游管理平台

针对旅游市场乱象和产业升级需要,云南推出了省级全域智慧旅游平台——"一部手机游云南"。"一部手机管旅游"是"一部手机游云南"项目的重要组成部分,于2020年4月正式上线运行,先后建立了投诉处置、退货处置、景区预约、团队游监管、导游/旅行社管理、综合监管考核、招商引资、诚信评价、旅游资源管理、"文游云南"、舆情监测处置等业务系统,基本实现了诚信评价、投诉退货管理、监管考核、准入退出、项目资源管理的闭环监管体系。

"一部手机管旅游"旨在打通业务数据流通渠道、减少审批步骤,使多项业务在一个平台一次办完,为政府监管部门提供便捷、高效的决策辅助和办公处置工具;通过将G端(政府侧)、B端(企业侧)和C端(用户侧)统一起来,助力政府对旅游过程中的所有环节进行有效监管,实现旅游评价、监管考核、执法督办、准入退出、引导改进的全面闭环,促进旅游管理工作效率的提升和涉旅企业服务品质的改善,达到"政府管理服务无处不在"的目标,让游客体验更加顺畅、美好。

目前,"一部手机管旅游"的涉诉办结时间平均不超过24小时,是全国涉旅投诉处置最快的平台;游客对线上退货处置的满意率超99%,"30天无理由退货"诚信机制已深入人心,成为云南诚信履约的新标杆;2020年5月1日,"游云南"App新增"入园预约"功能,截至2021年1月1日,散客预约服务已接入景区210家,通过"游云南"App,服务散客近33万人次,为1500余万人次团队游客提供团队预约服务;涉旅企业诚信评价系统已累计覆盖云南16个州市餐饮、住宿、旅行社等7个业态的众多涉旅企业。"游云南"App界面如图3-4所示。

3. 湖北智慧旅游产业监管决策平台

为整合湖北省内旅游资源、强化省内文旅市场安全监管能力,湖北已促成"一部手机游湖北"产业监管决策平台项目落地。该平台利用云计算、大数据、人工智能等技术,通过整合湖北旅游资源基础数据、旅游产业运行数据、国家平台投诉数据、网络评价数据、网络舆情数据和运营商数据等,构建标准统一、横向共享、纵向贯通、多级联动的全域文旅应用平台,加快推进政务数字化转型在产业监测、行业管理、安全监管、营销推广、统计分析中的业务应用,着力提升政务大数据治理能力,实现对全省文旅产业

图3-4 "游云南"App界面

的全面监测。

平台在实现游客流量监测预警和分流、构建旅游应急指挥体系、创新旅游统计工作、打通文旅数据孤岛等多方面发挥了无可替代的效能。平台自2021年1月上线以来已完成景区客流量监测、全域游客监测、商户运行监测、目的地热度分析等多个功能模块，还通过文旅、公安、交通等部门及各类企业接入了景区、酒店、旅行社、通信和交通等各类数据。在此基础上，平台通过可视化方式展示大数据分析结果，可方便、直观和清晰地了解全省旅游经济和行业环境发展趋势。平台在元旦、春节等重点节假日监控和客流数据、消费数据的双轨统计预测中发挥了重要作用，实现了对湖北省旅游经济发展、旅游产品推广和营销效果的精准化大数据分析。"一部手机游湖北"界面如图3-5所示。

图3-5 "一部手机游湖北"界面

第二节 企业管理中的数字化

一、办公自动化

（一）定义

办公自动化（Office Automation，OA）是在设备、通信逐步实现自动化的基础上，通过管理信息系统（Management Information System，MIS）的发展而兴起的一门综合性技术。

（二）特点

1. 可行性和适应性

可行性，是指OA应该能够满足组织办公的核心需要，满足其必须实现的主要功能，而不是超越当前的技术水平。

适应性，是指OA产品的实施条件应当适应组织当前的环境，超越环境的设计注定是失败的产品。

2. 前瞻性和实用性

OA 系统的开发设计,既要考虑到最大限度地增加系统的价值,最大限度地符合各应用者的需求,充分考虑系统今后的扩展和延伸,以及实施过程应始终贯彻面向应用、围绕应用、依靠应用部门、注重实效的方针,同时又要兼顾到成本控制、项目周期控制等因素,因此,OA 系统在功能的部署上需要遵循实用主义。

3. 先进性和成熟性

先进的管理理念、技术和方法可以提升企业的竞争力,延长系统的生命周期。但同时,任何创新都如同实验,风险较大,因此要注意软件系统、硬件设备、开发工具、软件产品是否成熟。在先进性和成熟性之间找到平衡点,是价值最大化的关键。

4. 开放性和标准性

OA 系统的开放性和标准性,是指 OA 软件系统的底层应支持各个层次的多种协议,支持与业务系统的互联互通,应用系统采用标准的数据交换方式,保证数据共享。在当前和未来,OA 系统需要轻松地与各种操作系统、中间件、数据库、业务系统及工具软件进行平滑对接,当前 OA 系统的主流厂商都在这方面做了充分的考量。

5. 可靠性和稳定性

OA 系统里流转了大量的管理数据,因此,系统必须是可靠的,一般的人为和外部的异常事件不应该引起系统的崩溃。当系统出现问题后应能在较短的时间内恢复,而且系统的数据必须是完整的,否则会引起数据的不一致。

6. 安全性和保密性

OA 系统的开发设计既要考虑信息资源的充分共享,更要注意信息的保护和隔离,因此,系统应分别针对不同的应用、不同的网络通信环境和不同的存储设备,采取不同的措施,包括系统安全机制、数据存取的权限控制等,以确保系统的安全性。

7. 可扩展性和易维护性

为了适应未来的业务拓展和项目的功能扩展的需求,OA 系统必须充分考虑以最简便的方法、最低的投资来实现软件系统的扩展和维护。

因此,OA 系统的开发设计需要考虑到应用及系统不断扩展的要求,以形成一个易于管理、可持续发展的体系结构。未来业务的扩展只需在现有机制的基础上增加新的应用与服务模块。其一,当应用量和用户数增加时,系统可以平滑增加服务器的方式来支撑新的压力要求;其二,当新的技术和产品进行升级时,系统能够平滑过渡而不影响用户的使用;其三,当产品有新的功能时,系统可以通过插件和模块定制平台的方式,轻松实现业务的扩展。

8. 美观性和易用性

系统用户界面的设计采用 Web2.0 用户界面设计技术,界面可根据用户需求灵活更改(增强标签分类特性),注重用户体验,使系统各项功能易见、易学、易用、易维护、易管理。

作为全员应用系统,突出的易用性和良好的用户体验是项目成功的关键要素。所提供的产品采用 B/S 的登录方式,可以通过电脑、手机等各种方式登录,还采用 AJAX、图形化编辑器等各种新技术,并且易读、易理解、易操作,用户界面简洁、美观、友好,易于用户掌握、操作和使用;系统管理也以易于操作、方便实用为准则。

（三）功能作用

OA软件的核心应用如下：流程审批、协同工作、公文管理(国企和政府机关)、沟通工具、文档管理、信息中心、电子论坛、计划管理、项目管理、任务管理、会议管理、关联人员、系统集成、门户定制、通讯录、工作便签、问卷调查、常用工具(计算器、万年历等)。

OA管理平台基于"框架＋应用组件＋功能定制平台"的架构模型，主体部分由30多个子系统组成，包括信息门户、协同工作、工作流程、表单中心、公文流转、公共信息、论坛管理、问卷调查、计划管理、会务管理、任务管理、关联项目、关联人员、文档管理、外部邮件、在线考试、车辆管理、物品管理、设备管理、常用工具、办理中心、在线消息、督办系统、短信平台、常用工具、人事管理、功能定制平台、集成平台、系统管理等。

应用案例

华通3.0——"让听得见炮火的人呼唤炮火"

截至2023年3月31日，华住在18个国家经营8592家酒店，拥有820099间在营客房，拥有约14万名员工。根据美国HOTELS杂志公布的2021年度"全球酒店集团225强"的排名，华住位列第七。华住旗下品牌汉庭多次被Kantar BrandZ评为"最具价值中国品牌100强"。而在移动互联网大潮之下，如何通过移动应用来承载、巩固业务角色之间的业务关系，是众多企业面临的重要问题，华住也不例外。此前，华住已经打造了内部应用的办公软件"华通"。但随着时代的发展，华住需要建立一个更稳健、更兼容、更开放的办公平台底层。基于此，华住与飞书展开全面合作，以华通为数字化底座，融合飞书先进的企业协作与管理能力创造新时代华通3.0。

华通3.0的第一大特点是快速度。华住酒店高效运营的秘籍之一就是高出租率。提高出租率的方式是有房可租，因此，退房后必须快速收拾。秉持华住"胖线上，快线下"的技术战略，基于飞书的华通3.0集成了"易客房"和"易培训"等多个应用。通过这些应用，一线的保洁阿姨能高效工作，这使得华住的出房时间缩短了44分钟。

华通3.0的第二大特点是高效率。华住基于飞书的华通3.0打造"工作服务台"——向一线提供资源支持的平台，试图通过信息开放共享的机制，赋予员工一定的财务权、人事权和决策权，激发个体的能量。这使得总部与一线高效联动，实现了高效的决策下达，更打通了一线经验上传与共享的通道。这种工作的新模式被称为"消息流驱动任务流，实现工作流"。

华通3.0的第三大特点是强联动。华住服务的核心就是以"30秒入住，0秒退房，15分钟响应"为标志的高效服务，高效的前提是内部保证高效协同，外部连接

客户,需求及时处理,服务无处不在。华住的14万名员工服务上亿客户,稳定性是非常重要的服务指标。但问题的处理往往需要协作和及时同步进展,单点发送不利于立即沟通和处理跟进,更会拖慢处理问题的速度从而影响处理结果。而华通3.0基于飞书开放能力搭建的统一告警方案不仅可以在飞书里及时通知员工或者指定群组,还可以根据消息来源和业务规则为每个告警创建专属处理群,一事一议,相关人员可以及时处理并在群里同步进展,便捷高效。

正如华住创始人季琦所说——"让听得见炮火的人呼唤炮火",华通3.0上通下达,以快速度、高效率、强联动的工作网使得华住内部人员达到了高度互通协作,使得自动化办公达到了高效运作的效果。

二、企业资源计划

(一)定义

企业资源计划即ERP(Enterprise Resource Planning),于1990年由美国Gartner Group公司提出。ERP是一种主要面向制造行业,对物质资源、资金资源和信息资源进行集成一体化管理的企业信息管理系统;也是一个以管理会计为核心,可以跨地区、跨部门,甚至跨公司整合实时信息的企业管理软件;还是一个集物资资源管理(物流)、人力资源管理(人流)、财务资源管理(财流)、信息资源管理(信息流)于一体的企业管理软件。

(二)特点

ERP把客户需求和企业内部的制造活动以及供应商的制造资源整合在一起,形成一个完整的企业供应链,其核心管理思想主要体现在以下三个方面:第一,体现了对整个供应链资源进行管理的思想;第二,体现了精益生产、敏捷制造和同步工程的思想;第三,体现了事先计划与事前控制的思想。

ERP应用成功的标志:第一,系统运行集成化,软件的运作跨越多个部门;第二,业务流程合理化,各级业务部门根据完全优化后的流程重新构建;第三,绩效监控动态化,绩效系统能及时反馈以便纠正管理中存在的问题;第四,管理改善持续化,企业建立一个可以不断自我评价和不断改善管理的机制。

ERP具有整合性、系统性、灵活性、实时控制性等显著特点。ERP系统的供应链管理思想对企业提出了更高的要求,是企业在信息化社会和知识经济时代繁荣发展的核心管理模式。

(三)功能作用

ERP系统包括以下主要功能:供应链管理(SCM)、销售与市场、分销、客户服务、财务管理、制造管理、库存管理、工厂与设备维护、人力资源、报表、制造执行系统(MES)、工作流服务和企业信息系统等。此外,还包括金融投资管理、质量管理、运输管理、项目管理、法规与标准和过程控制等补充功能。

ERP是将企业所有资源进行整合集成管理,简单来说,就是将企业的三大流——物流、资金流、信息流进行全面一体化管理的管理信息系统。由于其功能模块已不同于以往的物资需求计划(MRP)或制造资源计划(MRPⅡ)的模块,它不仅可用于生产企业的管理,还可在许多其他类型的企业如一些非生产、公益事业的企业中进行资源计划和管理。

在企业中,一般的管理主要包括三方面的内容:生产控制(计划、制造)、物流管理(分销、采购、库存管理)和财务管理(会计核算、财务管理)。这三大系统本身就是集成体,它们互相之间有相应的接口,能够很好地整合在一起来对企业进行管理。另外,要特别一提的是,随着企业对人力资源管理重视的加强,已经有越来越多的ERP厂商将人力资源管理纳入了ERP系统,使其成为此系统的一个重要组成部分。

应用案例

云驴通旅游同业交易平台

云驴通旅游同业交易平台是一款组件分类明确的专业旅行社管理系统,借助云技术、云数据、云平台,为全国众多旅行社提供精细化管理,助力更多旅行社实现业绩的自然增长。该平台为B2B系统,是一种为旅游批发商(地接社)和分销商(门店)提供同业交易的电子商务平台,涵盖线路产品的团购、预订、在线支付、加返、结算等功能。此系统适合大中型旅行社集中管理供应商与门店(含加盟店),实现统一采购,规范业务流程,打造资金池与大数据平台。

此系统的第一大特点是主动性。B2B系统全程都注重平台的参与功能。平台的各个角色(客服、计调、财务、运营)可参与占位信息的确认,主动联系门店和供应商,快速处理应收款和应付款,负责短信通知等,从而积极推动订单的进展,大大提高订单的处理速度。

此系统的第二大特点是易用性。系统采用积分模式,1个积分1元钱,积分可用于订单的消费抵扣,平台可以赠送门店积分,每个门店通过签到、下单,获得更多积分,提升平台黏度。平台设置每条线路的可用积分,实现加返功能。

此系统的第三大特点是灵活性。每个门店都可以创建多个旅游顾问(导游),每个顾问拥有独立的微信主页,可通过微信传播产品,获得订单返佣,支持顾问发展下级顾问。门店无须发布产品,只需简单选择供应商发布的产品,系统可自动生成零售价,门店可自行修改零售价及返佣金额。门店可灵活设置顾问主页的广告、热卖产品,一次修改,统一生效,方便集中推广收客。

此系统的第四大特点是健全性。管理员管理全局,业务员管理门店,计调管理供应商,财务处理应收款和应付款,各自分工,参与到订单的每个流程,积极推动业务流程的流转。同时,系统提供产品、订单、库存、角色、员工业绩、应收款、应付款等多维度的统计报表,方便管理者决策。

三、客户关系管理

(一) 定义

客户关系管理(Customer Relationship Management，CRM)系统，是指利用软件、硬件和网络技术，为企业建立一个客户信息收集、管理、分析和利用的信息系统。以客户数据的管理为核心，记录企业在市场营销和销售过程中和客户发生的各种交互行为，以及各类有关活动的状态，提供各类数据模型，为后期的分析和决策提供支持。

(二) 特点

客户关系管理系统依据先进的管理思想，利用先进的信息技术，帮助企业最终实现客户导向战略，这样的系统具有如下特点：

1. 先进性

客户关系管理系统涉及种类繁多的信息技术，比如数据仓库、网络、多媒体等。同时，为了实现与客户的全方位交流和互动，要求呼叫中心、销售平台、远端销售、移动设备以及基于互联网的电子商务站点有机结合，这些不同的技术和不同规则的功能模块要集合成统一的客户关系管理系统，需要不同类型的资源和专门的技术支持。因此，客户关系管理系统具有高技术的特征。

2. 综合性

客户关系管理系统包含了客户合作管理、业务操作管理、数据分析管理、信息技术管理四个子系统，综合了大多数企业的销售、营销、客户服务行为的优化和自动化的要求，运用统一的信息库，开展有效的交流管理和执行支持，使交易处理和流程管理成为综合的业务操作方式。

3. 集成性

CRM解决方案因其具备强大的工作流引擎，可以确保各部门、各系统的任务都能够动态协调和无缝连接。因此，CRM系统与其他企业信息系统的集成，可以最大限度地发挥企业各个系统的组件功能，实现跨系统的商业智能，全面优化企业内部资源，提升企业整体信息化水平。

4. 智能化

客户关系管理系统的成熟，不仅能够实现销售、营销、客户服务等商业流程的自动化，降低人力成本，还能为企业的管理者提供各种信息和数据的分析整合，为决策提供强有力的依据。同时，客户关系管理的商业智能对商业流程和数据采取集中管理，大大简化了软件的部署、维护和升级工作。基于互联网的客户关系管理系统，使用户和员工可随时随地访问企业，大幅降低交易成本。客户关系管理系统与其他企业管理信息系统集成后，将使商业智能得到更充分的发挥，为企业发现新的市场机会、改善产品定价方案、提高客户忠诚度，从而为提高市场占有率提供支持。

（三）功能作用

1. 维护老客户，寻找新客户

研究表明，开发一个新客户付出的成本是维护一个老客户的5倍，而企业通过建立CRM系统，能够对客户信息进行收集、整理和分析，并实现内部资源共享，能有效提高服务水平，保持与老客户的关系。并且，CRM系统依托于先进的信息平台和数据分析平台，能够帮助企业分析潜在客户群和预测市场发展需求，有助于企业寻找目标客户、及时把握商机和占领更多的市场份额，是企业不断开发新客户和开拓新市场的重要帮手。

2. 避免客户资源过于分散引起的客户流失

很多企业的客户资源是分散积累的，这直接导致客户信息记录不完整、价值不高。同时，由于销售人员的流动，客户资源会不断流失。而CRM系统能够帮助决策人准确得知客户整体推进状况和存在的问题，从而及时开展业务指导和策略调整，避免客户无故流失。

3. 提高客户忠诚度和满意度

CRM系统可以帮助企业详细地了解客户的资料，促进企业与客户的交流，协调客户服务资源，为客户提供最及时和最优质的服务。同时，CRM系统还能够帮助企业建立起与客户长久且稳固的互惠互利关系，在提高客户忠诚度和满意度等方面的作用明显。

4. 降低营销成本

通过CRM系统，企业对内能够实现资源共享，优化合作流程，对外能够增加对市场的了解，有效预测市场发展趋势，不仅能够提高企业运营效率，还能极大地降低运营成本。

5. 掌握销售人员工作状态

移动CRM系统能够使负责人准确掌握销售人员的位置、工作状态，防止出现偷奸耍滑、消极怠工的情况，有利于企业进行绩效考核，提高销售人员工作效率。

应用案例

中国南方航空——"南方明珠"

中国南方航空集团有限公司（简称南航），是中国运输飞机最多、航线网络最发达、年客运量最大的航空公司。南航的客户关系管理始于2007年左右，在进行了大力的改革和几年的建设，目前南航已经建成一种新型客户关系管理系统。

首先，南航建立了统一客户视图SVC数据核心，将原来分散存储在高端、常客、呼叫、营销等众多系统的旅客数据整合到一个核心数据库。建立核心数据库使得南航能够逐步通过客舱、呼叫中心、手机客户端等各种渠道、终端不断地完善南航庞大的客户群资料。这是客户关系管理的基础。其次，南航在建立核心数据库后，立即着手开发了旅客行为数据库，该数据库记录了所有客户在销售与服务过程中的事件、客户饮食偏好等。通过该数据库，南航能够不断地优化服务，做到

精准服务,甚至精准营销。最后就是服务端,这是南航客户关系管理最复杂的一方面,涉及呼叫中心、销售渠道、网站、旅客自助服务、客舱、休息室等各种各样的渠道。多样化的渠道不仅产生CRM的数据,也直接为旅客提供服务、营销渠道的接触点。为了解决这些渠道问题,南航提出了"移动化""社区化"等IT新思路。例如,针对内部,移动化要实现按照岗位建立移动应用,每个岗位的功能首先要考虑的就是这个岗位急需的功能。因此,南航建立了客舱移动、南航干部云、保卫移动、机务移动、坤翔移动等App。首先解决了南航服务部门普遍无法时时刻刻坐在电脑前面的问题,也让这些部门更加方便对客服务,并及时反馈对客服务过程的任何事件、行为和投诉等。

南航持续致力于客户关系理念的强化,提高客户关系管理工作力度,并在为客户提供终身服务与创造终身价值方面产生了一定效果。在国内航空公司中,南航首次使用了电子机票,并建立了电子客票网络值机系统与手机值机系统。南航在实施客户关系管理的过程中,推出了"明珠"常旅客计划、南航中转服务、地面头等舱公务舱贵宾室服务以及南航"95539"服务热线等,这些服务一直处于业内领先的位置。随着客户关系管理实施的逐步深入,南航于2009年开始整合公司内部的IT系统,并建立客户核心数据库,统一了常旅客资料、高端旅客资料与B2C网上销售管理部门所掌握的资料,筹划建立全面的客户关系管理系统,为旅客提供更加优质的服务。

第三节 旅游行业企业的数字化转型

一、旅游景区的数字化转型

(一)数字化转型特点

对景区来说,数字化转型主要集中在三个维度:第一个维度是服务层面,利用互联网发展线上服务、智慧旅游,推进旅游服务便利化;第二个维度是营销层面,利用人工智能、大数据让文旅产品和潜在客户实现精准对接;第三个维度是产品层面,利用区块链、元宇宙等科技手段,推出数字藏品等一系列新产品。

1. 数字化转型困境

旅游业的转型发展和游客出游需求的改变,使得游客出游不再是一窝蜂扎堆大景区,反而喜欢体验一些距离较近、景色迥异的特色化景区。如果景区因数字化程度低,在自身管理和游客服务等方面不能满足游客需求,将会错失许多发展机会。

2. 景区信息化建设基础不稳

现有大部分景区信息化建设基础不稳,景区的智慧化建设意味着将信息技术广泛应用于景区运营的全过程,但目前国内多数景区普遍存在信息化建设经费紧张、专业的技术人才缺乏、后期运营困难等问题。此外，散客形式的自驾旅游的兴起，使得游客对景区数字化建设要求更高，景区详情、周边配套设施、景点介绍等成为越来越多游客出行必须明了的信息。但部分景区的数字化建设还停留在基础设施建设方面，很少应用在管理实践中。网站信息更新落后、旅游产品与游客需求不相匹配或脱节等问题直接制约了景区可持续发展，而不具备持续的生命力的景区，最终都会步入发展的死胡同。

3. 景区数字化营销能力欠缺

高效的景区内部运营是景区发展的趋势。门票售卖、餐饮服务、住宿、景区店铺招商与开发、文创等产业链的衍生，都是较为常见的景区盈利方式。但许多景区由于资源类型单一、开发利用价值不高、知名度低等现实问题，造成长期经营惨淡的局面，而景区负责人并未意识到营销数字化的重要性，景区内部没有形成成熟且稳定、相对系统化的营销模式。对外宣传渠道单一，宣传力度不够，数字化营销思路狭窄，缺乏精准有效的营销方案，利用新客户引流做增长的营销意识不强，使得景区知名度不高，增创增收动力不足。此外，营销以精准的数据分析为基础，这就更加强调景区信息化建设背后的大数据分析，但国内许多景区在推出迎合市场需求的产品和服务方面仍存在巨大漏洞和疏忽。

4. 景区大数据建设薄弱

景区要想在客群细分的旅游市场站稳脚跟，就需要切合市场和客群进行产品创新。景区营销依托票务管理系统的数据资源，只有对大数据进行运营数据分析，景区才能推出精准有效的营销方案。但很多景区的投资人或者运营者，大都存在重建设、轻应用的数字化建设思路，他们更多地将有限的资金投到购买电子设备和搭建系统上，景区大数据治理往往因为运营者的精力、财力、眼力等原因而得不到重视，流量预警措施、景区项目消费数据，以及景区游客的年龄、喜好、旅游路线、消费水平等大数据，往往被随意舍弃。如何让数据沉淀出价值，是景区可持续发展亟待解决的难题。

5. 景区上下级无法实现有效信息互通

旅游大数据是旅游管理部门与相关部门协商决策、景区运营与管理的信息基础，直接影响景区的服务与营销等活动。因部门间、景区间的权益冲突，旅游信息交流遭到限制。对相当一部分多主体管理的景区来说，因经营主体不同、利益出发点不同，各自为政的现象频发。政府旅游管理部门的决策数据部分依赖于企业自主填报，具有误差性和滞后性。民营企业在分享信息时会有所保留，并且各景区间分裂的管理格局、匮乏的协作意识使得数据信息互联互通受到极大限制，游客信息分享渠道少、难度大，因此难以建成统一的数据库和信息闭环。此外，多数景区智慧化、数字化主要体现在景区票务系统方面，忽视了保全保洁、绿化亮化等方面亦是智慧旅游系统重要的构成部分。由此可知，旅游景区数字化建设尚未形成有效且闭合的运营与管理体系，数据信息的不对称、数据管理的落后，使得景区在精准营销、提质增效等方面仍与理想状态存在一定差距。

（二）数字化转型实现路径

智能旅游作为一个新生的技术领域，在实际应用中所触发的问题亟待解决。旅游企业主要面临以下两个问题：一是旅游企业发展经营业务范围广，产业链条长，利益相关者群体复杂,发展企业数字化需统一协调多方参与;二是目前旅游信息化服务发展不足,信息不全面、不完整、分布较散且更新慢,需要建立技术标准规范以完善信息库①。

1.加强统一协调,加大监管力度

应树立智慧旅游全局观,协调旅游部门与相关部门的职能职责,统筹解决智慧旅游发展和管理过程中的问题。首先,政府应统一协调,积极搭建旅游企业和科技企业双方互通的平台,以市场开拓、项目开发为重点,促进双方交流与合作,推动旅游业与新基建、数字技术等实现融合。重点加强旅游科技创新领域技术、经验、数据的积累、整合与分享,建立数据资源开放共享机制。其次,旅游行业包含酒店、餐厅、景区、旅游零售等多项业务,各板块之间未能建立起有效沟通,因此要统筹内部资源,实现各主体信息共享和数据融合。

2.创新旅游技术,构建标准化系统

旅游信息化的不足来源于旅游企业的技术创新压力不大,缺乏信息改革的动力,政务信息化水平尚待提高,旅游基础数据库匮乏;旅游网站信息更新较差,宣传内容呈现同质化;发展水平不均衡,重硬件配置、轻软件应用②。旅游企业应积极探索智慧旅游发展模式,对如何加强技术创新的同时平衡收益、如何形成可落地的项目方案进行归纳性总结,建立企业数字化转型新路径;同时构建标准化系统,实现旅游企业上下游共享,促进数据融合,降低沟通和交易成本,实现可推广的新模式。

3.运用信息技术,创新营销方式

旅游企业可以通过信息技术来创新营销方式。旅游企业应建立数据库,进行线上营销。数字化转型改变了旅游企业以往的信息传播方式,企业可以借助网络平台,打破以往的空间限制,拓宽信息传播渠道,提高信息传播效率,构建新型营销模式。例如,数字化旅游营销融入了新媒体的营销理念和方式,利用主流网络媒体、社交媒体的线上推广,与旅游在线服务平台紧密合作,利用大数据分析,实现旅游营销的变革。此外,旅游企业还可以通过电子信息技术进行各种营销活动,如目标营销、直接营销、分散营销、顾客导向营销、双向互动营销、远程或全球营销、虚拟营销、无纸化交易、顾客式营销的综合。

4.加快人才培养,完善培育机制

现今,旅游业处于高质量发展的战略机遇期,人才的有效补给尤为重要,如何实现补给更是政府、企业、组织机构和院校关注的重点和亟待解决的主要问题③。随着企业数字化转型的持续深入,企业对数字化人才的需求也出现爆发式增长,而旅游企业所需的人才不仅要精通数字技术,同时还需要通晓旅游行业情况。但在实践中,此类人才严重缺乏,导致业务和技术分离,数字化转型难以落地。要加快培养旅游业数字化人才,完善人才培育机制;探索建立旅游业多层次人才培养计划,面向全球招聘高端人才,吸引具有技术背景的跨界人才,实现人才多元化建设;进一步优化旅游业人才培训机制,在传统课程体系中引入数字化转型内容,培养复合型人才。

---

① 黄羊山.旅游公共信息服务迫在眉睫[J].旅游学刊,2012,27(2).
② 卞俊,梅亮,吴林立,等."智慧旅游"构想下镇江市餐饮旅游信息的组织与传播[J].科技创新导报,2012(35).
③ 马晓芬,戴斌.旅游人才高质量培养的新时代课题[J].旅游学刊,2022,37(8).

二、旅游酒店的数字化转型

(一)数字化转型特点

当前,酒店的数字化转型已经较为成熟,主要以建设智慧酒店为主。智慧酒店的前端设计主要有两种模式。

第一种模式是"全套智能化"。以阿里巴巴"菲住布渴"酒店为例,它采用全场景"人脸识别+语音识别"技术:门禁、入住、电梯、健身、就餐均运用人脸识别验证;房内置有天猫精灵(AI智能语音终端),住客可通过语音口令调控室温、灯光、窗帘、电视。最具代表性的是机器人担任"前台接待员",它们会自动匹配住客信息,并将其指引到预订客房,同时兼职送餐、递物,为住客提供名副其实的"无人之旅"。此模式的人效比是同档位、同规模传统酒店的1.5倍,其特点是打造未来感,完全利用自动化手段提供服务。

第二种模式是"部分智能化"。其特点是将部分重复性工作的执行主体由人变为技术,从而释放人的价值;技术作为辅助,员工仍是服务主体。例如,相关智能系统可根据客人的不同状态,运行多种个性化模式:①若无人入住,则客房设备自动断电;②若客人已办理入住,则当其进房,室内灯、窗帘自启,音响、电子屏分别播放欢迎配乐、迎客标语;③若客人在房内阅读,则可凭软件操作或语音声控关闭主灯,并让阅读灯切换至柔光模式,营造宜居、温馨的居住氛围。此模式的实质是扎根于既有框架的稳妥创新。在日常经营中,管理人员无暇顾及"客房是否应添置一台蓝牙音响"等细节问题,其决策重心是在既有框架下提供专业而温暖的服务。

(二)数字化转型发展趋势

1. 中国酒店业仍处于数字化红利期

酒店行业现在无论是数字化战略、数字化业务应用、技术能力、数据能力、组织能力,还是运营管理,都还远未达到成熟程度。同时,酒店行业作为传统行业,数字化转型速度较慢,不同类型酒店数字化成熟度也参差不齐。酒店要建立业务数字化体系,除了报表,更要结合数据分析的思想,用数据驱动业务,实现业务的精细化运营,实践数据化的核心思想及价值。

2. 重塑跨部门协同关系和组织架构

酒店经营者要将重心落在组织架构调整以及部门协同能力构建上,并开始全面建立企业数字文化,不能再仅以迭代智能设备作为数字化策略的唯一抓手。扁平化的企业文化、高效沟通机制、效率为先的理念是能够推动企业数字化转型的必备要素。未来,随着人、信息化工具、流程深度融合,只有充分分析酒店自身的运营状况与商业策略,不断促进技术与业务融合,才能真正实现数字化成果最大化。

3. 基于场景落地,打造速赢策略

数字化战略的落地还是要找好突破口,先解决运营中的单个痛点,才能逐步实现量变到质变的跨越,形成系统的数字化转型。大部分的酒店管理集团都会首先选择"试点先行"作为数字化策略落地的第一步,并从财务、销售、工程、对客服务等方面优先下手,避免消耗大量资源。而在成本可控的试点中发现问题、解决问题,也为接下来的数字化战略提供了决策

依据。简单来说,酒店管理集团应当定位于单一场景,在能力范围内解决一定的数字化问题,谨慎衡量 ROI(Return on Investment,投资回报率),以点到面地采取数字化速赢策略。

4. 紧抓私域红利,追求长效 ROI

酒店管理集团实现获客的主要方式依然是前台、OTA 平台和合作伙伴的跨界合作。其中,抖音、小红书等新兴电商平台受到青睐。另外,酒店管理集团在会员业务方面的重心在发生改变,进入了从追求"数量"到追求"质量"的阶段,开始尝试针对已有会员的分层管理和精准营销,以提高会员的活跃度和复购率。未来,预计会员数据价值深挖、实现分层管理将成主流,比如运用营销自动化系统形成更完善的用户画像、打造管理层共识、建设社交媒体渠道、管理数字化渠道,以及多方数据采集等。

5. 移动端依然是对客技术投资重点

移动端对客服务、移动端在线预订,以及客房无线网络,占据对客技术投资优先级的前三名。而自助机、人脸识别、智能语音设备、机器人服务等新技术、物联网技术也正在成为酒店未来选择投资的对象。最好的对客技术应该让客人感觉不到技术本身的存在。酒店是一个服务场景,不能为了数字化而数字化,而是要在场景中让用户有新的体验。

6. 数据分析重要性有增无减

近 80% 的酒店都认为,数据分析将极大地帮助企业获得商业上的成功。酒店会优先建设宾客、酒店经营及收益管理优化等方面的数据分析体系。透过数据分析,酒店才能打造非常重要的因地制宜策略。而搭建数字化运营体系分为四个重要步骤:确定分析目标、明确业务场景、梳理核心指标、构建分析体系,这是一个从数据收集、构建指标体系再到数据驱动运营的循环流程。

7. 中台(企业级能力复用平台)成为酒店管理集团新标配

中台广义上分为数据中台、业务中台、技术中台、AI 中台、移动中台、研发中台、组织中台等。其中,由数据中台与业务中台组成的"双中台战略"在酒店行业的应用广泛。数据中台行业增长势头明显,市场规模快速扩张,预计将在 2023 年达到 183.2 亿元。

(三)数字化转型实现路径

1. 找准自身定位

在已有的基础上,酒店的数字化转型升级多专注在智慧酒店的建设和升级上。首先酒店自身应确定酒店类型、客户群体,然后评估自身投资能力、客户消费能力、客户对数字化产品的需求(如会议预定、客房指引),结合自身定位、客群特征、综合预算,敲定合宜的智慧解决方案,而不是一开始就胡乱堆砌智慧化设施,造成服务资源错配与浪费。

2. 落实有效监测

在投产之后,智慧酒店要将各个软硬件项目目标与可测量的 KPI 指标对应,使这些已落地的解决方案可评估、可调整、可优化。譬如将客户体验与 OTA 平台上的评分星数挂钩、将增加收入与 RevPAR(每间可供出租客房产生的平均实际营业收入)挂钩、将效率提高与人房比挂钩等,从而保留和扩建有用设施,调整和剔除冗余设施。

3. 洞察用户数据

在稳定运营后,智慧酒店应发挥数据分析优势,对客户大数据进行合法获取、合规分析、合理打通(移动端、酒店管理系统、客户关系管理系统),形成高精度的用户画像,制定系统化营销策略,实现全生命周期管理,避免智慧酒店科技异化、品质退化。

4. 加强跨界融合

智慧酒店建设涉及酒店服务、信息技术、传统制造、金融服务等多种交叉业态,这种"酒店+"模式能够打通不同产业之间的资源禀赋,调动跨界资源互惠、技术互补,打破智慧酒店"为智能而智能"的固有思维,化解"技术服务商不懂运营""酒店运营人不会用设备"等尴尬局面。

5. 关注人才培养

国务院办公厅印发《关于促进全域旅游发展的指导意见》,其中提出实施"人才强旅、科教兴旅"战略。智慧酒店行业同样需要制订专项计划,完善基础理论,编制专业教材,引入优质师资。尤其是旅游专业院校,可结合酒店管理专业的企业案例、信息管理与信息系统和数据科学专业的教学内容,开设系列课程,加强校企项目合作、人才对接,助推智慧酒店人才工程可持续发展。

三、旅行社的数字化转型

(一) 数字化转型特点

旅行社的数字化转型,主要是对传统的销售模式进行创新和升级,主要体现为三个方面:第一,门店、产品设计、营销方式、组织架构等多方面的转型;第二,从旅行社带团业务向旅行服务和定制游等产品服务形态转型;第三,从导游到内容KOL/KOC的转型。

(二) 数字化转型趋势

1. 旅行社数字化、互联网化转型继续深度推进

当前,旅游产业链上下游的根基和业态已经发生质变,旅游消费习惯与心理更加多元。旅行社通过数字化转型,可以构建自己的数据平台,对游客旅游和消费偏好进行分析,探索需求点,并按需求分类,从而根据不同群体来开发旅行社旗下细分产品,满足游客需求。而互联网化,则需要旅行社紧跟时代发展趋势,打造自己的互联网平台。疫情期间,虽然旅游业务不能如常开展,但是旅行社仍能通过丰富的数字化媒体手段持续和游客保持互动,让游客充分了解精彩的旅游产品,激发游客的旅游热情,为"瓶颈窗口期"快速获得旅游收入做好前期准备,形成理想的服务体验。

2. 旅行产品种类的丰富和质量提高成为重要增长抓手

旅行社可推出新型旅行产品,从而提升游客的旅行体验,提高旅游质量。例如,旅行社可以与各地方政府深度合作,为游客提供多种短途深度游产品;面对教育"双减"的政策,旅行社可以为学生群体提供不同主题的夏令营、冬令营的研学活动;对于十分有市场发展潜力的老年旅游,旅行社在提供多种产品的同时,也应当关注和满足软性服务、适老化配套应急设施等老年人旅游消费需求。

3. 复合型人才将在企业竞争中扮演更重要的角色

旅行社网络化的转型发展需要大量的"互联网现代导游"复合型人才来做支撑,与此前

的人力素质模型有很大的区别。在网络化转型发展过程中,以导游现场工作场景的直播或精彩讲解片段剪辑录播的方式,构建起旅行社和导游专属的网络频道,来积累大批线下粉丝,以致会有粉丝慕名而来抱团参游,从而为旅行社增加营销渠道、提升获客能力。因此,旅行社需要快速扩充具备新媒体素养和社群营销等能力的新型人才,并确保整个组织架构在全新能力的注入下以新的模式和理念流畅运行。能否吸引这样的专门性人才,将在很大程度上决定旅行社企业的业绩走向。

(三)数字化转型实现路径

1. 推进"互联网+旅游"发展,促进旅行社产销融合

打造智慧平台,以互联网、大数据等新一代信息技术为基础,以旅游企业转型便利性为出发点,将旅行社的供应链管理、商品管理、运营管理、销售管理、对接管理、用户管理、素材管理、财务结算及BI管理系统等方面的数据进行整合、打通、串联,为中小旅行社提供安全、高效、便捷的智慧化服务。

2. 以私域流量运营为抓手,实现全时全域分销

为解决传统旅行社在数字化转型过程中一定会遇到的渠道端应用开发难度大、用户获取成本高、线下宣传力度小、产品表现形式单一等痛点,旅行社应结合自身在人力服务上的优势,探索创新技术的应用,优化服务流程,打通线上线下产品系统,管理客户关系,并对产品进行宣传、推广。旅行社可以设置相应渠道,串起社交和支付功能,从而在小程序形成的"微信闭环"中实现盈利。同时,旅行社还可根据自身需求选择供应商或成为供应商,对店铺进行管理、运营及推广,包括前期的咨询、策划、定位,后期的产品设计、供应链管理、资源共享和产品赋能。

3. 适配个性化需求,助力旅行社智能化进程

同时,旅行社在转型过程中也不能忘记最本质的理念——以用户为本。旅行社可以通过大数据手段进行用户信息分析,从而形成一定的信息基础和构建用户画像,并针对不同的细分客户群体,制定相应的个性化方案,适配个性化需求,打造智能的营销系统。

  教学互动

(1)酒店行业的数字化已经初具模型,根据本章所学内容,你认为将来酒店行业数字化转型还可以通过哪些方式提高办公效率?

(2)你认为疫情给旅游行业数字化转型带来了哪些机遇和挑战?

本章小结

本章主要围绕智慧旅游管理展开讲解,主要包含三个方面的内容:政府治理中的数字化、企业管理中的数字化及旅游行业企业的数字化转型。政府治理中的数字化主要讲解了文旅体系治理概况、旅游资源管理及各类智慧旅游管理平台等,让学生们更加了解什么是智慧旅游管理。企业管理中的数字化主要介绍了三种智慧化的管理手段——办公自动化(OA)、企业资源计划(ERP)、客户关系管理(CRM),以及它们的特点和功能等。旅游行业企业的数字化转型着重讲解其特点、困境及发展路径等。通过本章的学习,学生能够了解旅游行业的数字化及其转型,进而深入理解智慧旅游管理。

 重点概念

旅游资源管理　旅游数据统计　智慧旅游平台　办公自动化(OA)
企业资源计划(ERP)　客户关系管理(CRM)

 章节测验

第四章

智慧旅游服务

本章概要

近年来,随着4G和5G基站在全国范围内大量设置,我国的数字经济基础建设也越来越完善。电子商务平台、社交平台和垂直领域平台也越来越成为人们日常经济和社交活动的主要载体,并构成了我国数字经济的典型组织结构模式。本章将在此基础上,根据目前旅游行业中旅游大数据的主要应用类型介绍智慧旅游服务。

学习目标

◁ **知识目标** ▷

(1)了解智慧旅游服务的三类主要内容。
(2)熟悉目前旅游行业内基于大数据的服务内容。

◁ **能力目标** ▷

(1)提升学生对于智慧旅游服务框架的构建能力。
(2)增强学生对于智慧旅游服务内容的创新能力。

◁ **素养目标** ▷

(1)结合信息技术提升学生的创新创业能力。
(2)培养学生对于旅游行业的求真务实精神。

第四章
智慧旅游服务

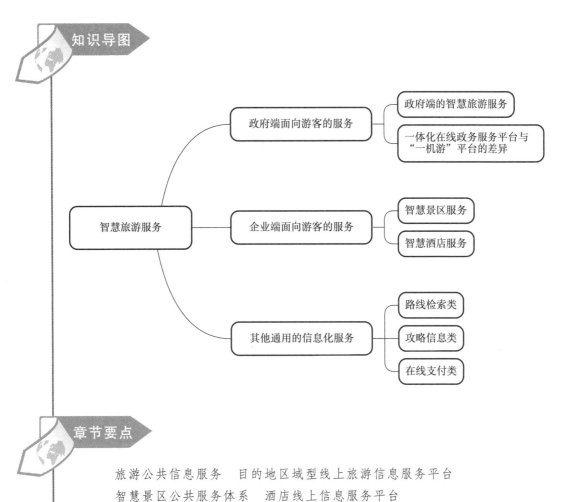

章节要点

旅游公共信息服务　目的地区域型线上旅游信息服务平台
智慧景区公共服务体系　酒店线上信息服务平台

案例导入

"数智江博"强化博物馆大脑　激发智慧服务新动力[①]

历经三年的建设，2022年，江西省博物馆在江西省文化和旅游厅的指导下，完成了"数智江博"综合管理服务体系建设，进一步推动了大数据、云计算、物联网、人工智能等技术与智慧文旅的深度融合，实现了全馆业务的整体数字化转型和智慧化升级，全面提高了江西省博物馆的保护、管理和服务等业务的水平。

[①] 黄菡."数智江博":强化博物馆"大脑"激发管理服务"新活力"[EB/OL].(2022-10-13)[2023-07-13]. https://baijiahao.baidu.com/s?id=17465572684090629558&wfr=spider&for=pc.

1. 全馆协同的服务管理体系

长期以来，博物馆管理往往面临着"各自为政、条块分割、信息孤立"的难题，"数智江博"综合管理服务体系建设立足工作流引擎等技术，构建了覆盖藏品保管、陈列展览、社教服务等各类业务的全馆智慧协同一站式数字化办公新模式，将博物馆协同应用产生的事件信息与即时消息深度整合，全面提升博物馆运营效率，及时处理游客可能面对的问题。

2. VR全景数字博物馆

"数智江博"通过运用高清全景采集制作技术和HDR融合技术实现高清全景成像，为公众提供了博物馆在线浏览体验。全景数字博物馆通过虚拟漫游、音画同步、真人实景讲解等功能，为观众提供沉浸式游览体验，实现观众与博物馆中各类数字资源的深度互动。

3. 智慧数据助力博物馆历史文化研究与传播

江西省拥有丰富的古代名人相关文物、古籍、档案、研究文献及互联网数字资源。"数智江博"通过综合应用知识图谱，为社会公众提供关于江西省古代名人的权威、丰富且具有表现力的知识展示、探索、学习及互动服务，帮助观众全方位了解江西省古代名人及文化。

目前，作为江西率先利用知识工程结合大数据技术进行历史文化资源组织、管理和利用的创新实践项目，"数智江博"拥有数据全面、应用智能、技术先进等特点，助力智慧旅游服务更上一个台阶。

在数字经济崛起的同时，旅游产业也面临着数字化的巨大行业前景。随着旅游产业与信息技术的高度融合，旅游业衍生出了"智慧旅游"这一全新概念。而随着大数据、物联网、云计算、区块链和人工智能技术的发展，人们的消费方式也在向现代化方向转变，旅游行业也开辟出了智慧旅游发展的新模式。

目前，智慧旅游的发展主要在于服务，而更好的个性化需求服务就建立在信息交互平台的发展上，主要可以分为政府端面向游客的服务、企业端面向游客的服务和其他通用的信息化服务。

第一节 政府端面向游客的服务

一、政府端的智慧旅游服务

（一）旅游公共信息服务概述

旅游公共服务是由旅游目的地的政府部门或者授权的组织、机构，以满足旅游者的共同需求为目的,向全社会提供的非营利性的旅游服务。旅游公共信息服务属于旅游公共服务,通过政府端旅游信息服务平台、目的地旅游网站和微信公众号等方式,向旅游者和公众提供旅游咨询、旅游导览、信息查询、票务预订、宣传促销、经验分享、投诉与应急等服务。随着信息技术的发展,旅游公共信息服务涵盖的内容也逐渐发生变化,从单纯的信息服务转变为"信息+基本功能"的综合服务。

随着数字经济时代的来临,中国经济高速发展的趋势也代表着旅游业面临新的挑战。服务是旅游业发展的基础,而旅游公共服务就是衡量区域旅游发展质量的重要指标,旅游公共服务覆盖的全面性和服务体系本身的完整性都影响着旅游目的地的旅游竞争力以及可持续发展的前景,同时,旅游公共服务与信息化服务的结合也能够进一步提高当地旅游经济和整体发展水平。随着大众旅游需求的增加,传统的旅游公共服务已经无法满足游客在旅游时的需求,旅游公共服务必将逐渐向以智慧旅游为载体的旅游公共信息服务转化。而如何为游客提供更加标准化、更加品牌化、更加个性化的服务也逐渐成为各级政府和旅游主管部门关注的问题。

(二) 一体化在线政务服务平台

随着数字化的普及,当今世界各国政府正在经历数字化转型。基于我国综合国情,一体化在线政务服务平台已经成为我国数字政府建设的重要内容。一体化在线政务服务平台是由各地政府部门引导建设,面向公众提供纯粹的电子政务服务和公共信息服务的政府化数字平台。其主要职能是以数字化改革推动政府职能转变,统筹数字资源,推动政务系统建设,实现政务服务整体化、融合化、协同化和高效化发展。

从政府的角度来看,数字化时代下的人民的需求已经不能够被传统的政务服务模式所满足,自上而下的单线政府服务已经无法跟上时代发展的潮流,因此,各级政府都在积极推进在线政务服务平台的搭建。目前已有的在线政务服务平台按地域和事务承办范围可划分为全国一体化在线政务服务平台和地方在线政务服务平台。

1. 区别与差异

全国一体化在线政务服务平台由国家政务服务平台国务院有关部门政务服务平台(业务办理系统)和各地区政务服务平台组成。其中,国家政务服务平台(见图4-1)作为全国一体化在线政务服务平台的总枢纽,位于全国一体化在线政务服务平台的首页,连接各地区和国务院有关部门政务服务平台等具体办事服务平台。

地方在线政务服务平台由各地政府自主搭建运营,通过业务集成和权责梳理整合服务事项,通过平台整合和技术赋能实现政府供给目标。以北京市政务服务网(见图4-2)为例,地方政务服务网与全国一体化在线政务平台下属的地方在线政务服务平台的区别是,地方政府独立运营的在线政务服务网聚焦的内容更加细致,并能在此基础上向下级(区/市/县)地方政府政务延伸,实现从全国范围聚焦到具体地区的多线式连接。

图 4-1　国家政务服务平台主界面

图 4-2　北京市政务服务网主界面

2．内容设置

从国家政务服务平台到各地区政务服务平台,一体化在线政务服务平台的整体设置主要围绕办事服务、公共服务、监管督查和政务咨询四个方面。全国一体化在线政务服务平台的公共服务窗口设置了旅游观光专项界面,主要支持一键查询如旅游景区基本信息、旅行社名录信息、博物馆信息、天气实况监测等游客在旅行过程中可能需要了解的信息。而地方在线政务服务平台的公共服务窗口,也往往会设置以"人文""旅游"为关键词的导向链接。以北京市为例,在"便民服务"窗口下的"人文北京"条目中,游客可以直接查询到北京各区的概况、地理气候、景区数据、人文历史等许多内容,使游客从更深刻的角度体味旅游目的地的文化底蕴,更好地安排行程。

在2021年9月国务院办公厅确认建立全国一体化在线政务服务平台后,我国也明确了除法律法规另有规定或涉及国家秘密等情形外,全国各地的政务服务平台之间都要基本实现服务事项标准统一、整体联动、业务协同,把政务服务事项全部纳入平台统一进行办理。这样一来,全国范围内的文旅数据就可以通过一体化在线政务服务平台实现共享,满足各地政府和旅游部门对于旅游数据集成的需求,促进旅游产业进一步发展。

(三)"一机游"智慧旅游平台

在"互联网+"时代的影响下,人们对于旅游的需求发生了极大变化。日益增长的旅游需求预示着旅游业带来了新的转机。各地政府、景区和旅行社等旅游相关企业都开始把视线投向"云旅游"这一线上游览形式。

虽然"云旅游"这一概念早在2011年的时候就被提出,但是由于技术限制、市场未被开发等原因,"云旅游"并没有广泛地流行起来,更多是在经营线下旅游项目时作为一项能够提供辅助功能的服务工具来推进。随着数字经济时代的来临,"云旅游"也凭借着不受时间和空间限制的优势成为一项新兴发展的业态,同时,这也标志着数字化旅游产业——智慧旅游的兴起。在此基础上,为达到线上线下文旅一体化的目的,"一机游"文旅模式应运而生。

1. 含义与概念

"一机游"为目的地区域型线上旅游信息服务平台,即一部手机游,是一种以数字科技作为驱动力,坚持以人民为中心的建设思想,以旅游六要素——吃、住、行、游、购、娱为基础,整合优化省内各类涉旅资源,通过一部手机就能够面向游客提供服务的公共服务平台。"一机游"平台通常由政府与旅游企业合作构建,这类平台同时具有公共服务属性和市场交易属性,一方面可以提供如景区信息查询、客流数据检测、天气监测等官方服务信息,另一方面也可以提供如门票购买、酒店民宿预订、特产文创销售等电子商务信息,在某种程度上是具有双重属性的区域性OTA平台。

知识活页　　　　　　　苏心游

| 知识活页 | 一键游广西 |

2. 发展痛点

然而从其他角度来看,虽然"一机游"平台响应范围广,但是仍然存在一部分痛点问题。"一机游"项目体量大、投入金额高、建设周期长、涉及专业领域多,因此在前期的建设中就需要投入大量的人力、物力、财力,然而在项目交付和实际的后期运营中,如何向外推出"一机游"平台,让游客使用、企业运营和政府监管能够在"一机游"体系内循环运营起来,却成为众多"一机游"平台共同面临的难点。

并且,由于"一机游"具有双重属性,它并不能简单地被当作一个商业项目来看待。它不仅受旅游目的地数字化发展、目的地营销和数字化能力等多方因素制约,同时也涉及政府的财政投入和盈利分配的问题。"一机游"的运营,很难由单一的某一方做出决定,而是需要政府和企业等利益相关方共同决策,而政府是否需要承担"一机游"带来的财政压力以及后续运营所需的资金从何而来则会成为"一机游"平台可能面临的痛点问题。

"中老铁路游""游泰东北":"一机游"推进跨境智慧旅游发展[①]

1."中老铁路游"小程序

2021年12月3日,中老铁路通车。12月7日,云南腾云信息产业有限公司(简称腾云)联合老挝驻昆明总领事馆,以"一部手机游云南"为技术支撑,开发跨境智慧旅游服务平台"中老铁路游"小程序。该小程序是为中老铁路开通专门打造的线上跨国旅游服务平台,以中老铁路沿线文化和旅游资源为核心,包括沿途特产、投诉、翻译、沿途直播、特色攻略等主要功能。

---

① 文旅中国."一机游"推进跨境智慧旅游发展[EB/OL].(2022-10-28)[2023-07-13].https://baijiahao.baidu.com/s?id=1747937611119700532&wfr=spider&for=pc.

2."游泰东北"小程序

2022年3月7日,腾云联合泰王国驻昆总领馆和泰旅局,在"一部手机游云南"的技术底座上推出"游泰东北"小程序。该小程序以泰国东北部旅游风情为核心,可以满足游客的旅游需求,展示泰东北地区的文化和旅游特色。

3.综合效益

两个小程序集中展示了云南,以及老挝和泰国的优质旅游资源,能够助力跨境旅游的发展,为中国游客了解老挝和泰国旅游资源提供了窗口,是"一带一路"倡议下跨境数字经济的合作成果,有利于推动中国、老挝、泰国三方间的人文交流。

二、一体化在线政务服务平台与"一机游"平台的差异

一体化在线政务服务平台和"一机游"平台虽然均为政府参与的智慧文旅项目,但仍然在多方面存在差异,其对比如表4-1所示。

表4-1 一体化在线政务服务平台与"一机游"平台的对比

	一体化在线政务服务平台	"一机游"平台
定义	政府面向公众提供纯粹的电子政务服务和公共信息服务的政府化数字平台	政府和企业合作建设,整合优化省内各类涉旅资源,通过一部手机面向游客提供服务的公共服务平台
属性	纯政府化的公共服务属性	既有公共服务属性,又有市场交易属性
内容	包含各类政务服务,文旅服务仅作为其中的一部分内容得到体现,并只包含信息查阅、天气监测等便民信息	围绕吃、住、行、游、购、娱进行服务提供和内容传输,聚焦游前、游中、游后向游客提供区域内的一站式旅游服务
使用感	缺乏市场化等行为模式,用户体验感有待提升	运营模式更加符合游客的市场化需求,用户体验感整体较好,但各地区参差不齐

总而言之,一体化在线政务服务平台是单纯由政府主导的政府化数字平台,因此在运营过程中需要保证其严肃性和便民性。其建设目的是推进各地区政务服务平台的规范化、标准化和集约化,优化政务服务流程,提升服务效能,实现政务服务线上线下融合互通,形成政务服务"一张网",因此,市场化行为模式并不是一体化在线平台运营建设的重点。

而一机游作为"云旅游"的重要组成部分,是移动应用场景下进行文旅公共服务的重要载体,同时也承担着优化和重塑目的地文旅产业、推广地区文旅品牌、提升旅游服务、完善政府治理的重要职能,其所具备的公共信息服务属性和市场交易属性均是为了达到最终目的地游客量的增长以及整体经济水平的提高。由于游客是"一机游"的目标客群,符合游客的需求是平台运营所必须关注的问题。此外,如何将平台推广"出圈",也是各地"一机游"不能忽视的重要问题。

第二节 企业端面向游客的服务

一、智慧景区服务

随着旅游人群整体趋于年轻化,游客的旅行方式也逐渐从旅行团向散客化方向发展,而影响旅游业发展的因素也出现了变化。面临着游客群体年龄结构和旅游方式的不断变化,旅游景区的服务能力和方式也面临着新的考验。在数字化和信息化不断发展的时代,智慧景区建设成为景区在旅游产业发展过程中需要开发的重要项目。景区需要结合自身需求,运用5G和物联网技术,以及将移动互联网终端作为信息传输形式和载体,通过新兴数字化技术,找到符合需求的智慧景区改造方案,并通过管理、服务、营销三个层面的智慧化建设,提高对客服务的时效性和多元性,打造良好的口碑。

(一)景区外部智慧服务

1. 智慧景区公共信息服务体系

旺盛的大众旅游消费需求对各大景区的接待能力也有了更高的要求。而在智慧景区的建设过程中,公共信息服务也逐渐成为辅助景区为游客提供更舒适服务的基石。智慧景区公共服务体系则是从大数据分析和行业特点着手,通过完善行业应用管理平台如导游管理系统、旅游执法管理系统、旅游区管理系统等,实现相关平台数据与公共信息服务平台、行业管理及应急指挥平台的数据对接及发布。

整体来说,景区所能提供的旅游公共信息服务体系就是依托旅游大数据中心,基于旅游行业整体的基础数据、旅游行业的实时运行信息、旅游相关部门的行业信息,结合景区自身的特点,为游客提供如气象、交通、运营、市政、应急等管理信息对接,并通过景区自有智慧平台实现集成发布。同时,景区还能够通过公共信息服务平台与各大OTA对接,实现景区旅游相关产品及服务的在线销售、支付功能。

2. 电子票务和门票预订

随着数字经济的发展,游客在旅游过程中的消费习惯和需求也越来越向数字消费靠拢,而在旅游过程中最不可避免的自然是景区门票的消费。对景区来说,电子票务和景区预约制则成为景区消费数字化运营的钥匙。不论是从景区管理角度还是游客需求角度来看,以景区预约和电子票务为代表的数字消费已然成为旅游景区达成产业精细化管理、有序开放的技术基础。同时,随着"互联网+"时代的到来,游客也更加倾向于在网络上收集旅游信息,查找旅游攻略,甚至是在网络上进行譬如预订酒店、餐食、门票的旅游消费,这说明游客在线上的旅游需求出现了进一步的扩大,也说明了旅游业的数字化改造空间得到了极大拓展。

电子票务是智慧景区建设中不可或缺的一部分。电子票务包括线上购票、电子二维码、智慧票务、自助售票机、智慧景区售票系统、闸机检票系统等。电子票务将计算机技术、信息技术、电子技术等多方面的新兴科技融为一体,在全国多数景区得到了应用。并且,由于门票在全国景区的应用场景都十分丰富,因此电子票务凭借其强大的实用性,在任何场景和时段都具有了不可替代的功能。而随着政府引导的文旅数据平台的搭建,电子票务系统可以与区域内的电子售票系统进行联合,实现网上订票、自助使用、精准验票的一站式服务,从而促进区域旅游的联合发展。

除此之外,从景区的角度来看,电子票务对于景区整体的管理模式和效能能产生十分明显的提升效果,电子票务能够帮助景区高效完成售票、检票和票务统计等工作。通过计算机,景区能够处理和完成售票、查询、统计等数据汇总事项,并且能够实施全方位的门票实时监控和管理,杜绝可能会发生的逃票、伪票等问题。这样一来,不仅减少了票务数据处理的人工流程,也同样减少了景区内部可能会出现的财务漏洞等问题。

因此,现在越来越多的景区会通过如飞猪、携程之类的OTA平台,以及景区单独或联合运营的网页、微信公众号来开展景区票务系统的建设。游客可以通过OTA平台或者官网、官微在网上进行购票和分时预约,并且无须兑换纸质票,通过电子二维码门票或者身份证即可自助检票进入景区。此类举措能够在很大程度上解决景区线下购票排队和入园排队的问题,满足游客快速入园的需求,提升游客的游玩体验。

(二)景区内部智慧服务

1. 景区智能导览和路线规划

在进行旅游活动的过程中,游客在游览时需要对景点信息进行全方位了解,因此往往需要导游进行游览路线的定制和解说。但人工制定的路线整体趋于相同,随着旅游业的进一步发展,它已经很难满足游客的个性化需求。而传统的线下景区地图导览也不能够满足游客进行私人定制的愿望,因此,景区智能导航导览服务应运而生。

景区的智能导航导览服务是以移动终端设备(手机/平板电脑等)为操作环境,基于AR技术和基于地图的LBS服务,以通信网络和导览云数据中心为技术平台,在游客进行景区游览时提供景点信息补充、景区路线规划的智慧旅游服务功能。将AR技术应用到导航导览服务中,能够通过增强现实的手段为游客提供景区POI点位精准显示、AR特效补充景点信息、AR地图导览绘制推荐路线和抓取行走轨迹、虚拟导游语音讲解等功能体验,使游客的游玩体验感得到大幅提升,旅游线路更加清晰明了。同时,智能导航导览系统还能够为游客提供个性化服务,譬如预约停车、预约排队、共享单车、共享充电宝、游玩内容创作等服务,这些服务均能够为游客提供随时随地个性化、场景化的互动体验,达到景区深度游的游玩效果。

智慧导游就是利用云计算、物联网等新技术,通过互联网和移动端电子设备,主动感知旅游资源、旅游经济、旅游活动和旅游者等方面的信息,并及时将信息传递到旅游者手中,使旅游者能够快速了解旅游资讯,对各类旅游信息进行智能感知,方便利用。

2. 景区数字信息服务

目前来看,在景区内部的智慧服务建设与运营中,景区主要将数字技术应用于三维可视化游览、虚拟购物模式和景区体验增强三个领域。

三维可视化游览主要依赖VR和AR技术,通过电子屏幕和移动终端实现全流程的多屏互动和可视化。游客可以通过移动终端和电子设备进行线上实时虚拟游览,借助虚拟现实技术打造的全景游览项目,使游客可以在线欣赏景区的实时立体画面,体会景区的别样美景,从而对景区内部的行程进行合理的规划。

虚拟购物模式则是依靠VR和AR技术实现游客在线上和预售商品的近距离接触,用户可以看到实际的商品模型,同时通过标签、数据等形式感受商品的文化内涵和吸引力。所以人们在购物时能够得到认知能力和观察能力的双重提升,从而产生消费动机,而商品本身的附加值也得以提高。随着电商的发展,人们的购物环节逐渐精简,虚拟购物模式可以实现选购商品后一键下单、一次送达。而对用户在购物时的消费动态和行为模式进行大数据分析,不仅可以使景区得到更加细致的数据结果,还能够帮助景区了解各类旅游产品在消费环境中的消费数据,从而发挥优势,改进不足。

景区体验增强是指通过VR和AR技术,利用5G建设和数字技术的投入,实现旅游体验内容、交互方式和传播效果等多方面的革新。VR、AR和现实场景的融合,能够高度还原景区整体的空间构造和内部设定,能够捕捉到景区全方位的动态画面和光影信息,增强游客和景区的互动感。增强现实技术也标志着旅游不再是一个被动读取、被动获得体验的过程,而是一项帮助并鼓励游客主动去感受、去经历、去体验的活动,满足了游客主观本体的话语权,提升了游客在旅游过程中的体验感。

目前,单一的观光旅游体验已经无法满足游客日益增长的旅游需求,"沉浸式体验感"成为更多游客的旅游追求。众多景区都在努力推进景区数字信息服务,希望能够通过5G+、VR、AR、裸眼3D等前沿技术,配合景区更加细致、优质的内容创作,将旅游景区的文化资源和背景故事进行融合,实现景区文旅内涵的深度挖掘,使自然景区的视觉效果得到增强、人文景区的历史文化得到展现,从而再次拉动景区整体的旅游水平,为游客提供更加真实、更加多元的沉浸式感官体验。

3. 景区广播通知及风险提示

随着国民收入不断提高,旅游已经成为大众消费行为,景区容纳人数逐年增长。而同时,随着整体经济水平不断提高,游客也在不同维度出现了新的需求。但近年来,旅游人数急剧增长也为景区运营带来了许多痛点,比如环境嘈杂、安全事故、老人小孩走失等传统问题,以及智慧景区建设时VR、AR技术应用等方面的新问题,都给景区管理带来了挑战。

而随着智慧景区的深入建设,广播系统也逐渐成为景区管理的重要内容。在游览体验方面,景区内部可以划分为不同的区域,通过广播进行不同音乐的播放,以此适应景区内不同区域的特性,为游客提供更沉浸的游览体验。在风险管理方面,智慧广播系统可以与景区监控系统实时结合,遇到紧急情况时,指挥中心或监控中心能够进行紧急广播,实现区域内的广播系统协同管理;与此同时,广播系统还可在终端设置紧急报警或求救系统,游客如果在景区内遇到突发情况可以通过终端直接向景区求救,景区能够通过远程威慑喊话在一些违法事件发生前进行阻止,降低损失,提高安防能力。

同时,除传统广播找人和紧急通知的作用外,智慧景区的广播系统还能够通过IP网络的节目传送,在不同终端实现全数字双向广播,从而实现智慧语音导游的辅助功能。游客可以通过广播收听景区解说、实时事件等,享受更好的旅游体验。

4. 景区在线游览

旅游业自身的行业特性,导致它是一个抗风险能力弱的行业。受疫情对旅游业的影响,虚拟化沉浸式技术在旅游领域被投入了更加广泛的开发和应用。VR、AR技术被投入智慧景区的建设,主要从游前和游中两个方面进行开发,譬如能够辅助游客提前预览景致,辅助游客选择出行目的地,增强游客的现实体验,在游客的游览过程中带来更专业、更细节的呈现方式。

随着大数据、物联网、区块链,以及5G、VR、AR等技术在旅游领域的应用和普及,元宇宙作为此类新型信息技术融合的平台,其临场感和沉浸式的特点与未来旅游业智慧旅游和云旅游的发展方向完美契合。元宇宙本身所具有的新技术、新模式和新业态能够带动旅游业形成技术溢出效应,实现旅游产业的提质增效。而VR和AR技术作为元宇宙构建的基石,能够在元宇宙和旅游领域的结合中快速提高游玩过程中游客的线上体验,增强旅游目的地的可玩性和沉浸感。

景区可以通过结合VR、AR的虚拟化沉浸技术将景区相关内容搬到线上,自主设计线上景区浏览内容,辅助游客进行线上参观。此类在线内容可以使游客实现跨时空、跨区域游玩,以及随时随地游玩的目标,满足游客足不出户的游玩需求,提升游客的游玩体验。而线上活动的设置也能够激发游客对景区的游玩欲望,游客在线上进行的参观也能够为景区增加流量,促进景区的品牌建立和后续的活动营销。

 "数字文物库""V故宫"与"全景故宫"

二、智慧酒店服务

随着数字经济的持续推进和智慧城市的建设,无论是酒店行业本身的发展需求还是其作为智慧旅游领域内不可或缺的一部分所必需的发展需求,如今酒店类的服务型基础设施也开始实现智慧化转型。时代和产业共同的需求都标志着智慧酒店已经成为我国酒店行业在未来转型发展和结构调整的必然途径。

酒店线上信息服务平台,是指酒店通过数字化与网络化手段,实现酒店在管理、服务和营销方面的信息化革新的一套智能化体系。这是一种通过满足住客个性化需求、打造品牌化酒店、提高酒店整体的服务质量和管理水平,将信息通信技术与酒店管理系统进行交互融合的应用创新和集成创新。

(一) 住前

1. OTA 线上服务平台

随着互联网技术的普及和电子支付的高速发展,传统的旅游产业也逐步进入电子商务时代。OTA平台,即旅游电商平台,作为一种以互联网信息技术为支撑而逐步发展的新型营销模式也受到了越来越多旅游从业者的重视和青睐。截至2021年6月,我国在网络上使用OTA平台进行机票、酒店、门票、旅游产品等订购交易服务的网民数已经达到3.67亿。

在旅游业蓬勃发展的同时,酒店行业作为旅游业三大支柱之一,也在互联网时代面临着巨大的机遇,越来越多的酒店不再满足于仅仅提供最简单的食宿功能,而是积极推出会议、展览、活动、营销等多种服务,通过OTA平台,酒店可增加线上营销渠道,扩展经营市场,从而达到促进文旅产业发展的效果。OTA平台及案例如表4-2所示。

表4-2 OTA平台及案例

OTA平台	案例
携程	2021年携程集团全年净营业收入为200亿元,住宿预订收入81亿元,交通票务收入69亿元,旅游度假收入11亿元,商旅管理收入13亿元
美团	2021年,美团到店、酒旅营收达到325.30亿元,其中佣金营收157.99亿元,在线营销营收166.67亿元
飞猪	2021年"五一"期间,飞猪业绩反弹,机票、酒店、民宿、门票、租车预订出行量反超疫情前,达到历史最高水平

而随着在线旅游的发展,在线酒店预订市场也呈现出巨大的发展潜力。目前,在我国的OTA平台成交的预订量已超过在线总预订量的九成,在整体的在线预订市场中,OTA平台占有绝对的优势。而自2020年以来,许多游客已经在疫情的影响下养成了"先预订、后入住"的习惯,彰显了OTA平台的重要作用。

除此之外,国内各类酒店的线上线下营销渠道仍然数量较少,因此对OTA平台存在依赖性强的问题。很多酒店(特别是连锁酒店集团旗下分店)在开业伊始,就会通过OTA平台制定高依赖性的营销策略,借助OTA平台的广大受众群体,吸引用户预订,并通过与OTA平台建立优惠补贴的形式来吸引客源。另外,OTA平台能够为客户提供的功能往往会超过酒店自身能提供的服务,譬如交通规划、天气查询、目的地推荐、旅游产品出售、周边环境查询等。这些附加服务无须酒店投入资金建设,却能够通过OTA平台帮助酒店提升顾客满意度、维护客户关系,因此,酒店对于OTA平台整体抱有积极的态度。

2. 酒店自建 App

在移动互联网迅速发展的今天,酒店与客户之间的互联互通变得更加灵活和多变,App作为酒店和客户产生交互的重要的快捷终端入口之一,是酒店根据客户心理和消费行为,以及长久以来的客户消费习惯而建立的。而以单店经营和连锁经营模式为参考,O2O服务平台和模式在酒店行业对于有商务、旅游或临时入住需求的客户和酒店有不同的意义,因此,很多酒店为了满足不同类型和需求的客户,都开始着手自建App。

对酒店来说,移动平台是流量的聚合体,酒店通过入驻OTA平台之类的移动平台,能够"站在巨人的肩膀上"进行营销,轻松获得流量、新增客户。而自建App则是一个能够满足客商之间实现交互的客户通路,能够实现入住数据的汇总、用户画像的分析,实现老客户的沉淀。在数字时代,酒店想要改善经营状况,就必定需要将数据作为日常经营的重点。酒店自建App不受空间和时间的限制,酒店能够通过自建App拓展各类潜在客户群,从传播广度、深度和延续性方面实现和客户需求的对接。同时,酒店能通过收集使用酒店自建App的客户群体的数据,统计和分析客户的需求和特征,总结出客户对酒店的品牌印象和客户消费情况,以稳固酒店老客户,并制定出适合酒店品牌未来继续发展的战略、策略和方案。

和OTA平台相比,酒店自建App更能够根据酒店自身的情况来体现酒店自身的特色,并且更便于酒店进行品牌化,稳固客群,建立品牌和客户之间的直接关联。但由于自建App往往需要专业团队运营和强力资金支持,所以很难做到迅速扩增客户群、收集到足够体量的数据。然而,自建App收集的数据相比OTA平台收集的数据更加真实,因此在一定时间的积累后,酒店能通过该数据得到更加准确的分析结果。

华住集团自建App"华住会"

(二) 住中

1. 无人化设施——酒店机器人

近年来的投资市场上,服务机器人赛道备受关注。随着行业整体呈现出智能化趋势,在酒店、餐饮等服务型场景里,提供配送、清洁等服务的机器人越发常见。

一方面,随着客人需求的多元化,酒店行业在传统客房服务之外还需要越来越多的人手,而客房服务作为一种机械化的简单工作较容易被机器人替代,从而达到降低人工成本的目的。

另一方面,相对于其他高尖端技术的AI机器人,配送机器人由于其工序简单、程序清晰、成本相对低廉的特点,更容易在酒店的实际场景中投入应用,后期的维护和运营也相对

更加简便。并且机器人的运用深度融合智慧酒店建设运营的实际场景,其数据能够与智慧酒店管理系统直接产生交互,方便统一管理,起到解决人力痛点、提高运营效率的双重作用。

2. 一站式服务——O2O平台

O2O是Online to Offline的缩写,指从线上到线下的状态。随着互联网行业的兴起,传统的同质化酒店服务已经不能满足用户的需求,而酒店提供基于LBS的即时服务和住中服务都成为可能,因此无论是连锁酒店还是单体酒店,都纷纷开始探索适合自己的O2O之路。O2O使酒店能够将线下的商务机会与互联网结合,用户可以在线上查询信息、接受营销,然后在线下酒店进行订购操作。

随着智慧酒店从互联网时代进入移动互联网时代,酒店内部的Wi-Fi建设成为智慧酒店发展的基石。目前来看,酒店业能够通过酒店O2O系统打造跟随社交媒体和移动支付形成的"自助选房、微信开门、微信支付"生态闭环的模式,这种模式能够帮助传统单体酒店及连锁酒店实现O2O转型。它能够通过线上线下导流,实现用户订房方便快捷、酒店入住率提高明显、平台资源整合完善的创新型O2O模式,并以此降低人工成本和能耗。

而随着社交媒体在移动互联网时代的广泛使用,酒店O2O平台的营销渠道也可以通过社交媒体进行口碑传播。通过完善的会员机制,用户在入住消费后便可建立永久关系。用户只需要关注该酒店的O2O平台,就可以根据LBS定位找到附近合适的酒店,并快速完成预订、入住、反馈、分享等一系列服务,从而自然地形成口碑营销,拓展酒店的营销渠道,实现效能提升。

除此之外,酒店想要对用户群体构建画像,确定用户偏好,从而做出精准的分析和决策,就势必需要大数据技术的投入。但是,目前大部分酒店的数据仍然来源于OTA平台和旅行社,这是不完整并且受到了极大限制的。然而随着O2O平台的建立,酒店能够拥有属于自己的大数据库。酒店管理层能够通过平台独立管理酒店的数据,同样,平台的建立也意味着连锁酒店各个门店的数据互通,以方便管理层对门店运营情况的清晰了解和把握。

知识活页　　　　酒店O2O的应用场景

(三)住后

众所周知,酒店与OTA平台之间一直处于"相爱相杀"的纠结关系中。一方面,酒店难以割舍OTA平台带来的客源流量;另一方面,OTA平台又让酒店面临一些无解的痛点。而智慧酒店建设的目标就是改善酒店与OTA平台目前的胶着状态。

从住后的评价体系来看,酒店的智慧化平台建设能够让客人提供更直观的评价,而酒店智慧管理系统也能够直接将这些数据进行回收、分析和利用,从而有针对性地解决目前酒店的运营过程中可能存在的问题。这样,不用经过OTA平台,酒店就可以直接得到数据,从而使数据的即时性和有效性都得到极大提升。

同时,智慧酒店的评价体系也成为住客和酒店间的"双向选择"。在住客对酒店进行评价时,酒店也能够在同时通过大数据对住客的消费行为模式进行评价。飞猪旗下的"信用住"模式将大数据前提下的个人信用情况融入酒店入住全过程,信用优秀的住客能够享受"免押金""免查房"等服务,从而极大地提高入住便捷程度。

知识活页　　飞猪"未来酒店"与"信用住"

第三节　其他通用的信息化服务

一、路线检索类

随着数字化信息时代的到来,导航功能已经步入了全民普及的时代,而地图类App作为运用了最新卫星系统和导航系统的信息化服务平台,能够满足使用者多种应用场景的需求。无论是在自己居住的城市还是在陌生的地点,使用者都可以通过手机等移动端电子设备进行导航,这很大程度解决了迷路给人们带来的困扰。

在旅游过程中,无论旅行者是在出行前还是游玩中,首先都会对自己游玩的路线进行规划,而想要达到这样的目的,地图类App已经成为游客非常愿意使用的旅行软件之一。除了最简单的定位导航服务之外,地图类App也在扩展相关的业务模式,例如,到达每个目的地的交通工具推荐、路线预览和规划、周边"衣食住行"推荐、打车服务,以及酒店和车票的订购等。

随着软件的更新、系统数据的定位模式的优化以及基础建设的增加,地图类App的导航定位服务也在不断向着更高精度发展。

（一）百度地图

百度地图是百度出品的地图软件,百度作为我国第一大搜索引擎,其旗下的百度地图在搜索功能上同样强大。用户可以通过App进行路线搜索、目的地周边店铺搜索等操作。

（二）高德地图

高德地图主要通过Wi-Fi、基站和GPS进行定位。相比来说,高德地图对应Wi-Fi的地址与经纬度的映射比较精确,因此其后台的数据库也更为精准,往往能够向用户提供更加精确的定位和服务。精确性是高德地图主打的特点,同时它也具有一定程度的周边搜索功能。而由于它具有GPS定位模式,使用者可以通过开启GPS定位系统来满足省电、省流的需求。

（三）腾讯地图

腾讯地图是腾讯旗下的地图软件,腾讯本身是市场份额极大的互联网公司,并且目前人们所使用的主要社交软件QQ和微信都隶属于腾讯,因此,腾讯地图面对着更大的潜在的用户市场。

二、攻略信息类

随着人们对于旅游的需求范围不断扩大,由传统的旅行社牵头的组团式旅游已经不再是人们旅游的主要方式,越来越多的游客倾向于自由行的方式。

在旅游之前,大部分游客会主动前往以提供旅游攻略及景点、酒店点评等为主的UGC（User Generated Content,用户生成内容）在线旅游攻略平台查询旅行资讯。这些旅游攻略以真实有效的旅游目的地相关信息为特点,帮助游客制定旅行途中的正确决策,甚至可以帮助游客提前预见旅行途中可能出现的问题,并为他们提供恰当的解决方式。对选择自由行的游客来说,制定一份量身定做的旅游攻略是十分有必要的,因此,在线旅游攻略平台类App应运而生,为已经结束旅游的游客提供平台去发布原创内容,为还没有开始旅行的游客提供其他游客写好的、详细的完整攻略,从而形成一个良性循环。

（一）大众点评网

大众点评网是中国国内首创的第三方点评模式的UGC网站,其营销模式比较接近于通过关键字进行精准营销。在UGC网站中,大众点评网侧重对于景点、餐厅、酒店的点评和评价。而这种模式也能够通过用户之间的互动和聚合使信息以更低的成本被大众接受,形成更有价值的信息资源市场。

（二）马蜂窝

马蜂窝专注于制作旅行攻略,是一个定位为自由行服务平台、为游客提供靠谱的旅游攻略的网站。作为综合旅游服务网站,它更受年轻人青睐,以"内容＋交易"的核心优势简化旅游决策、预订和体验的过程,给予游客更简单高效的旅游体验。作为旅游社交网站,马蜂窝通过游客自主分享的形式来丰富和完善其社区内容,并促进用户与全国旅游爱好者交流互动,满足年轻一代的社交需求。

（三）Tripadvisor

Tripadvisor,中文名猫途鹰,是国外用户主要使用的点评网站,类似于国内的大众点评网,其产品定位更加全球化,也是境外旅游者更青睐的UGC网站。除了酒店比价功能之外,Tripadvisor的酒店评论主要来自外国客人,因此在进行境外旅游时,使用Tripadvisor能够为游客带来更多元的评价以辅助旅游决策。除此之外,Tripadvisor还会有一部分关于旅游目的地旅游活动的内容,旅游者能够通过用户的评论判断活动提供者的服务质量。

三、在线支付类

"国内大循环"对于发展数字经济提出了更多期待,而互联网的发展改变了传统的金融模式。数字金融正快速融入经济社会各领域的发展,成为一股重要的发展力量,其在居民文化和旅游消费方面的影响已经十分明显。基于智慧旅游的大趋势,移动支付作为数字经济的基础和数字化旅游的支撑,已经能够显著提高我国居民家庭的文化和旅游消费水平。

由于移动端的电子设备在游客中基本处于普及状态,移动支付对有移动上网习惯的游客有着显著的促进文化旅游消费的作用。有消费才能有旅游增长,因此从整体来看,移动支付平台是构筑整个线上旅游的基石。

（一）微信支付

微信支付是腾讯旗下的社交软件微信的附加功能。凭借微信的大量用户,微信支付也成为移动支付的重要组成部分,其主要具备便捷性、安全性和功能性三方面的特点。微信支付应用场景广泛,微信用户只需要通过关联银行卡的形式,完成身份认证后即可随时随地进行消费,节省排队、找零等消费过程中可能会被浪费的时间,并有PICC的全赔保障护航。同时,微信支付除了简单的收付款,还增加了生活缴费平台,增强了其使用过程中的功能性。除了作为移动支付方式之一,微信支付也通过"红包"功能成为微信用户社交内容中的一部分。

（二）支付宝

支付宝是蚂蚁科技集团股份有限公司旗下的支付软件,相对来说,支付宝更专注于支付场景下的移动支付使用,因此其支付服务场景更加广泛,无论是国内移动支付服务或是境外移动支付,支付宝都能够占据主要席位。目前,支付宝已经发展成为融合支付、生活服务、政务服务、社交、理财、保险、公益等多个场景与行业的开放性平台,并且能够覆盖到除中国外的多个国家和地区。

（三）银联

中国银联是经中国人民银行批准成立的中国银行卡联合组织,是中国银行卡产业的核心和枢纽。银联实现了银行卡的跨行、跨地区、跨境使用,相对来说,银联是刷卡支付时代的产物,而随着移动支付的普及,银联也开通了旗下的移动支付手段,即云闪付App。

知识活页 人工智能 ChatGPT 对旅游服务的影响

教学互动

(1) 智慧旅游的定义有哪些？
(2) 智慧旅游的发展历程如何划分？

本章小结

本章从政府端、企业端和其他通用的信息服务入手，介绍了目前智慧旅游平台建设、智慧景区服务和智慧酒店服务建设情况；按客人住前、住中和住后的时间逻辑，分别介绍了酒店业在这三个阶段融入的智慧服务建设；并对目前旅游者在旅游过程中可能需要的各种服务类 App 进行归纳总结，从路线检索、攻略信息和移动支付三个方面介绍了智慧旅游市场的应用现状。

重点概念

旅游公共服务　旅游公共信息服务　目的地区域型线上旅游信息服务平台
智慧景区公共服务体系　酒店线上信息服务平台

第四章

智慧旅游服务

 章节测验

第五章

智慧旅游营销

本章概要

智慧旅游是我国旅游业未来发展的主要方向,为了实现信息技术在旅游市场中的有效应用,加大对网络信息技术与旅游经济融合的研发力度,实现旅游产业与其他产业结构之间的有效对接,全面提高区域经济发展成效,智慧旅游背景下的新型旅游市场营销就显得更加重要。本章以传统营销的"4P"理论为参考,构建了"4P+C"(Product产品、Pricing定价、Platform平台、Perception感知、Content内容)营销框架来解说智慧旅游营销背景下的新内容。

学习目标

◁ **知识目标** ▷

(1)了解智慧旅游营销"4P+C"的主要框架。
(2)熟悉目前旅游行业内智慧旅游营销内容。

◁ **能力目标** ▷

(1)提高学生对于智慧旅游营销的"4P+C"框架的应用能力。
(2)增强学生对于智慧旅游营销内容的创新能力。

◁ **素养目标** ▷

(1)提升学生结合信息技术的创新创业能力。
(2)树立学生对于旅游行业的求真务实精神。

第五章
智慧旅游营销

知识导图

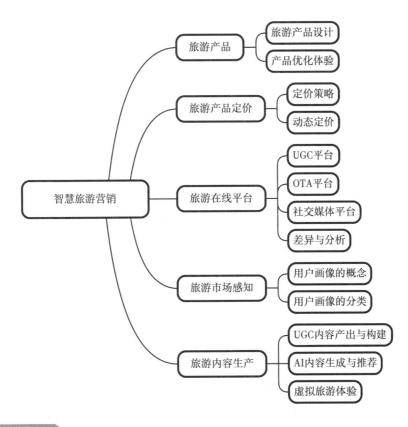

章节要点

数字营销　产品　价格　平台　感知　内容

案例导入

米哈游《原神》：以游戏为载体的文化传播和旅游宣传推广模式探索

"以游戏为载体的文化传播和旅游宣传推广模式探索"使得米哈游成功入选了"2022年文化和旅游数字化创新实践案例"。其旗下人气游戏《原神》自上线以来凭借优良的游戏品质和较多的玩家数量，将中国景区和传统文化融进游戏制作中（见图5-1和图5-2），在国内外形成了巨大的文化影响力。

图 5-1 渌华池(原型:九寨沟黄龙)
(图片来源:米哈游)

在《原神》这款原创IP产品上,米哈游积极探索了"游戏+文旅"的跨界联动合作新模式,丰富了传统文化传播方式,助力了旅游景区、老字号、非遗的发展。2020年9月,《原神》与张家界文化旅游广电体育局进行战略合作,通过"从驻足到远行"景区联动企划,将游戏中的经典元素"传送锚点"和"岩之瞳"带到武陵源和天门山两个标志性5A级景区。2020年10月和12月,《原神》还联动黄龙等国家5A级风景区,将现实中的美景融入游戏,同时推出线下联动景区纪录片,让外国玩家也能够见识到中国的景色之美。

图 5-2 珉林(原型:张家界武陵源)
(图片来源:米哈游)

从2022年10月至今,《原神》还在不断推出寻味之旅"璃月食集",以游戏画面搭配实拍视频的巧妙手法,还原了一道又一道中国传统美食,不仅让品尝过这道美食的国内玩家兴奋不已,还让海外玩家也摩拳擦掌下厨尝试。同时,游戏中的中文、毛笔字、乐器等其他的中华传统文化元素也以此为媒介,在海外进行了一次成功的文化输出。

数字化营销目前在学术范围内并没有一个统一的定义,但主要可以从两个角度对其进行研究:第一个角度是从数字技术方面来研究,学者认为数字技术改变了旅游业整体的环境,而旅游营销也应该在数字技术的背景下,通过数字化技术手段来调动企业资源,实现营销最终的整体化、个性化、网络化和速度化;第二个角度则是从营销活动方面来研究,随着互联网的发展,互联网平台、网站和App已经成为线上营销的主要渠道,而智慧旅游营销则是通过OTA平台或UGC平台将关于旅游产品的信息和功能精准推送给游客,从而实现旅游产品的销售目的。

综合以上两个角度来看,智慧旅游营销本质是一种"数字技术+旅游市场营销"的行为模式。

第一节 旅游产品

互联网的应用和各类移动智能终端的普及意味着人们的生活方式已发生巨大改变,人们了解各类资讯和购买各种产品、服务的传统方式将受到颠覆式的影响,包括旅游消费者了解旅游资讯和购买旅游产品的方式。在这种时代背景下,旅游行业唯有与时俱进,重新定位营销战略,才能在未来智慧旅游背景下的信息化旅游市场竞争中立于不败之地,同时也方便旅游消费者快速方便地知晓和购买旅游产品。

一、旅游产品设计

(一)旅游线路设计

1. 锁定受众群体,降低线路设计成本

基于旅游大数据,景区、企业和政府能够掌握游客的旅游倾向,并以此锁定不同旅游产品的受众群体,进行针对性的线路设计,降低成本。在进行全域旅游规划时,一个区域内的旅游景点较多,旅游业相关人士就能够通过游客数量的差异来探究游客对于不同旅游景点的偏好喜爱程度来进行比较和细分,从而总结游客在旅游中的选择倾向,精准划分受众群体,推出针对性的旅游产品,满足不同游客的需求。

除此之外,大数据带来的客流量分析能够帮助涉旅企业了解不同时间、不同路段的交通情况,及时识别问题。企业能够通过开展旅游线路的分析和模拟,得出旅游人数,直接判断线路规划的合理性,以此节省设计成本。

2. 紧抓特色开发,预测规划旅游线路

针对旅游线路规划,大数据技术的应用能够帮助目的地把握游客在不同时间点的旅游分布,譬如在不同季节、不同节假日的热点旅游线路规划。这就需要旅游相关人士掌握游客喜欢在什么样的时间去哪些地方,这样才能够紧抓目的地特色,提前预测,进行有针对性的旅游线路规划。

运用大数据技术来进行旅游行程数据的分析,如游客的网络搜索情况、车票(机票)预订情况、酒店预订情况等,能够更加直观地反映出不同时节的游客出行信息,预测分析游客的

旅游倾向,为线路规划和目的地开发提供相关依据。

(二) 旅游目的地品牌化

对部分传统旅游目的地来说,由于其本身具有悠久的开发历史、较为深刻的文化积淀、更加稳定的游客群体、相对成熟的旅游市场,目前新兴的旅游快消品打造形式并不一定能够满足其开发需求。但是,资源优势减弱、产品结构老化、客源市场萎缩的危机同样给此类目的地带来了较为急迫的转型需求。面对这一问题,传统旅游目的地需要进行目的地的品牌塑造,打破传统旅游目的地枯燥乏味的刻板印象,在保留旅游目的地自身特色和文化积淀的基础上,传承中国传统文化的精髓,开发符合市场需求的旅游产品,营造年轻、富有活力的品牌形象。

1. 依据大数据营造积极的品牌形象

目的地需要营造积极正面的品牌形象。随着网络的高速发展,目的地的形象塑造已经摆脱了过去仅仅依靠目的地本身单方面进行官方舆情操控和宣传的局面,而是逐渐转化为由游客的游后体验和目的地官方共同构建目的地形象的格局。而同样,社交媒体的流行也会在一定程度上放大目的地舆情事件所带来的影响。在数字化信息时代,负面舆情事件会使目的地品牌形象受到损害,从而造成很大的负面影响,如"凤凰古城天价停车费""青岛大虾""欢乐谷娱乐设施故障"等舆情信息对于目的地品牌形象往往会造成重创。然而,除了要从根本上加强目的地管控,舆情事件所引发的评论也应当成为目的地在进行品牌打造时需要注意的方面,不同游客的观点能够反映不同群体在旅游过程中相对更加关注的问题,这也为加强目的地品牌营销提供了参考。

2. 利益相关者联动,发挥品牌作用

互联网社群将旅游目的地品牌、当地居民与游客这三者连接起来,目的地的发展带动当地居民致富、为游客提供旅游体验;当地居民的产业发展促进目的地业态融合;游客的游览体验和原创内容又能推动目的地的品牌营销和旅游业发展。因此,采取自下而上的方式让游客和当地居民共同参与到目的地品牌形象的塑造中,是目前最明智的打造目的地品牌的做法。旅游目的地应该通过主动识别和支持关键居民,帮助居民获得更多关注,扩大他们作为在线场所品牌大使的范围。同时,应当建立能够供游客和居民共同创造品牌的平台,赋予他们共同创造品牌价值的权利。

3. "以文塑旅",活化目的地文化

文化内涵是旅游目的地最核心的内容,传统旅游目的地需要深挖文化内涵,活化文化价值,改变营销模式,以提高目的地的整体竞争力。譬如随着以"90后""00后"为代表的新兴消费主力群体进入旅游消费市场,目的地在进行文化传播时就不能够再如同过去一样使用书籍、影视等较为严肃、刻板的方式。随着媒介技术的发展,线上社交和移动互联网时代的全面来临,电子产品已经成为人们获取信息和传递信息的重要途径。目的地可以通过打造符合人们目前消费和行为模式的品牌渠道,如微信公众号、小程序等,进行整体品牌形象的搭建。此外,适当"破圈",以及加强跨界合作同样能够为目的地品牌注入新的生机。

二、产品优化体验

(一) "旅游+文化"IP 跨界联动

在目前的旅游产品设计与开发中,旅游产品与文化 IP 的融合也是产业热门方向。文化 IP 代表着艺术和技术创新领域的原创能力和核心竞争力,旅游业通过与文化 IP 的深度融合,打造如"电影文化 IP+旅游""综艺文化 IP+旅游""游戏文化 IP+旅游""动漫文化 IP+旅游"等类型的产品,并借此实现旅游行业的产业升级。

在"电影文化 IP+旅游"的领域里,"旅游+IP"的业态融合形式已经较为成熟。如风靡全球的迪士尼,为大众提供了米老鼠、唐老鸭、白雪公主等深入人心的 IP 形象,而无数后来兴起的文字作品、影视作品等也都对此类风靡全球的成熟 IP 进行了应用,更大程度上提高了迪士尼系列 IP 在全球范围的闻名程度。而迪士尼乐园就是典型的"旅游+影视文化 IP"的实践,迪士尼通过大量影视文化 IP 和版权体系,在全球搭建了一座座迪士尼梦工厂,每年吸引大量游客前往参观。而环球影城的成功也是同理,环球影城是融合变形金刚、哈利·波特、小黄人等大热 IP 元素所建造的主题公园,同样成为众多游客前往目的地游览时的重要打卡点,提升了目的地的旅游热度。而在产品打造方面,建造主题公园对于像迪士尼、环球影业此类拥有众多 IP 的公司无疑是最合适的选择。

而随着旅游产业游客的年龄层次逐年趋于年轻化,动漫 IP 作为在年轻人群体中较为流行的元素之一,也成为拉动旅游的重要因素。在动漫产业最为发达的日本,为吸引更多的游客来到日本,日本政府甚至特意成立了动漫旅游协会,每年根据大热动漫发布"年度动漫旅游胜地"。另外,熊本熊、玲娜贝儿等以动漫形象为基础推出的玩偶人形象也再次从侧面体现了文化 IP 的爆火能够拉动旅游产品的销售和旅游业的发展。

综艺文化 IP 随着如今新媒体产业的发展也逐步成为新兴文旅符号,在娱乐产业颇具盛名的韩国,以 YouTube、Twitter 为主要海外平台发布的网络综艺带火了一些小众旅游地,国内《向往的生活》《爸爸去哪儿》《奔跑吧》等综艺也利用明星效应,在一定程度上推动了乡村旅游的发展。

毫无疑问的是,在未来文旅融合发展中,旅游产品的打造与文化 IP 的融合将会成为重点发展方向。要将 IP 自身所具备的热度融合到旅游产品的宣传营销中,塑造旅游目的地品牌文化,进行目的地形象营销,以实现优质的传播效果,推动文旅融合。但是不容忽视的是,在目前我国的"旅游+文化 IP"相关的旅游景区和旅游产品的开发中,仍然存在许多问题,因此我们仍然需要根据不同旅游目的地的区位条件进行探索,通过挖掘自身特色、确立文化主题、建立科学运营机制、建设专业人才队伍等方式,努力探索出"文旅+IP"共生的产品发展道路。

(二) 旅游大数据助力产品研发

在过去的几年里,旅游业的产品创新更多侧重的是围绕目的地的增加来实现产品创新,而随着市场逐渐成熟,各个涉旅产业也开始在这一逻辑基础上,以大数据为依据,着手丰富目的地玩法和产品服务矩阵,在数据支撑的背景上进行旅游产品设计和开发。

而在整个旅游市场增速减缓、用户需求趋向多维度的情况下,更需要旅游大数据帮助相关单位、企业对游客进行分层,精准识别游客习惯,通过有效渠道触达游客,并在使用习惯上影响游客,以此打造"爆款"旅游产品,助力产品研发。

而利用大数据对游客的旅游信息进行整理和分析后,相关单位、企业能够深度挖掘出数据价值,对不同的游客进行归类。通过系统化地分析不同类别游客的出游行为、出游习惯和消费偏好,政府、目的地和涉旅企业能够以此为游客定制个性化的产品和服务,帮助游客快速决策,满足游客个性化需求。例如,携程、途牛网等传统OTA平台利用大数据帮助游客定制场景服务,提供单身、情侣、亲子、冒险、休闲等主题旅行。

第二节 旅游产品定价

一、定价策略

价格是商品价值的货币表现形式,是最能体现商品特点的重要因素。而旅游产品作为一种特殊的商品,自然也不会例外。一般情况下,在影响旅游产品的众多要素中,旅游者最主要关注的往往就是价格。而对旅游业来说,旅游产品价格策略也是旅游市场营销组合策略中不可缺少的重要内容。价格是营销组合中最明显的变量,也是能够受到旅游企业最灵活调控的变量。而旅游产品的定价是否合理,既关系着旅游企业的经营效果,又关系着旅游企业的生存与发展[①]。

能够影响一个旅游产品的定价因素往往十分多元。价格首先由提供这一产品的企业内部因素(企业发展战略、营销目标、产品成本、产品特点、产品生命周期)决定,其次受到企业外部因素(市场需求、竞争者状况、政府及法律限制等)的影响,因此旅游产品的定价需要高明的定价策略。而从智慧营销的视角来看,相较于无差别定价,利用数据技术来实现旅游产品的动态定价,更能够有效帮助旅游企业创造营收,并且价格变化幅度的提升也有助于实现企业营收最大化。智慧旅游营销主要依靠大数据分析,可以通过旅游市场淡旺季和旅游产品定价波动率之间关系的分析,来确定整体旅游产品的定价趋势,从而有针对性地进行营销和促销活动。

二、动态定价

对传统旅游市场的定价策略来说,旅游产品的定价往往依靠于"供求关系""季节变化"等基础价格变动逻辑。然而随着互联网技术的发展,旅游企业可以时刻关注网络舆情风向,并通过OTA平台等进行即时的价格调整。旅游产品不再采用传统价格模式中的单一定价方式,或简单地随着淡旺季进行调整,而大多采用动态定价的策略。

---

① 张宏钢.浅论旅游产品的定价策略[J].湖北函授大学学报,2011,24(10).

第三节　旅游在线平台

目前我国旅游相关的在线平台主要分为UGC平台（小红书、抖音）和OTA平台，以及社交媒体平台（微信朋友圈、微博）。而随着人们的文化需求日益增长，旅游相关的内容也逐渐在这些家喻户晓的平台上占据了一定的比例。用户会通过这些平台发布旅游信息或旅游体验，而旅行社、旅游景区等旅游企业也会通过官方号进驻平台来发布相关信息，甚至与电商平台合作进行电商促销。旅游者可以通过这些平台收集更适合自己的旅游信息和旅游经验，从而进行旅游决策。

而从目前国内的发展现状来看，无论是服务和产品的布局还是信息技术的发展支撑，在线平台都具备了一定的发展优势，用户体量也在不断增大。根据《2022中国数字旅游地图研究报告》，抖音上旅行相关的视频量、视频分享量同比增速为65%和117%，旅行兴趣用户量人数更达到了2.7亿。2020年快手发布了针对全国文旅创作者的"快手文旅光合计划"，截至2023年6月，"快手旅行"话题也获得了超过30亿次曝光。截至2022年7月中旬，小红书关于旅行的笔记超过1400万篇、景区笔记超过300万篇、酒店笔记超过600万篇。由此可见，现如今在线平台对旅游者的旅游决策的确造成了极为深远的影响。

一、UGC平台

UGC是User Generated Content的缩写，即用户生成内容。该概念最早起源于互联网领域，即用户将自己原创的内容通过互联网平台进行展示或者提供。

（一）小红书

小红书的主要用户群体为20—35岁的女性，而这一年龄段的女性对于美的追求比较强烈，也热衷网络社交，于是小红书应运而生。小红书鼓励用户通过文字、图片以及视频的"笔记"形式在平台上记录自己的购物分享以及生活讯息，其中传统的"图片＋文字"仍然是目前小红书上相对主流的分享形式。旅行作为当今年轻人生活的一部分，相关内容每天都会被分享和标记在小红书上，成为人们游前参考的重要信息来源，人们往往会通过小红书上的旅游攻略，甚至部分KOL的打卡地来制订出游计划。

因此，小红书的用户群体更主要集中在年轻群体，而基于年轻人爱体验、爱记录、爱分享、爱小众的特点，小红书也逐渐成为新兴旅游类型攻略的发源地。譬如在2021年才开始兴起的精致露营"Glamping"模式、由冬奥兴起的冰雪旅游和滑雪体验等旅游类型的搜索量目前较2020年同期搜索量已经大幅增长，由此可见小红书强大的"种草能力"。

而随着旅游相关用户原创内容的增加，小红书的旅游营销模式也遵循用户"线上分享"消费体验，引发"社区互动"，推进"线下消费"，而线下消费的用户又进行更多"线上分享"的营销模式。而随着旅游攻略类内容的发布，用户在衣食住行方面的需求也随之增长，小红书随即与第三方平台进行合作，引入如露营、民宿、探店等方面的商家。而与传统OTA平台以机票和酒店为核心产品不同，小红书的旅游产品的核心是以人和内容为驱动的，从"需求先

行"转为"种草先行"。

(二) 抖音

抖音的产品用户定位主要以年轻用户为主,即对于新鲜事物接受度高、乐于分享生活、追逐潮流的年轻人。而短视频平台由于其信息量大、易于获取的形式也迅速成为旅游营销领域炙手可热的平台。

抖音以"记录美好生活"作为平台标语,而旅游作为人们享受生活、进行休闲的重要形式,其自身的内涵与平台用户的兴趣点产生了极大重叠。在抖音这样一个有着数亿日活跃用户的新媒体平台上,越来越多的用户对旅游表现出了浓厚的兴趣。借助数字技术和短视频平台,旅游已经逐渐成为人们日常生活的一部分,而短视频也成为目的地营销、打造城市名片的新形式。

截至2021年12月,旅游企业在抖音开通账号的总数已达到10.47万个,而抖音旅游企业账号数量的不断上升也体现了旅游企业与抖音平台合作的紧密,而这些旅游企业账号也成为引流增收的重要渠道。目的地、OTA平台、酒店、旅行社的企业账号都开始根据抖音平台设置相应的套餐产品,以短视频、直播等形式进行营销和销售。同时,也有一部分抖音KOL与旅游企业进行合作并开展软广告营销,以增加企业的引流渠道。

对游客而言,相比图片和文字,短视频形式能够更加直观地调动游客对于目的地旅游的期待情绪,帮助游客选择出行目的地。旅游企业官方账号推出的如门票预订优惠、"游玩+住宿"套餐、答疑等配套服务也能够在游客购买产品的过程中为其提供更好的体验。而由于平台用户的年龄层覆盖面涵盖较广,抖音不用花费大量资金投入铺设广告即可根据平台的推荐机制进行针对性营销。

二、OTA平台

OTA是Online Travel Agency的缩写,即在线旅行商,OTA平台即在线旅游平台,主要指旅游消费者通过互联网、移动互联网以及电话等方式,向旅游服务提供商预订旅游产品或服务的平台,涉及酒店、票务、旅行社、景区景点等消费内容。游客可以进行网上支付或线下付费,各旅游相关单位、企业可以通过网络进行产品营销或者销售。

作为位于产业链中游的供应商,OTA平台面向的用户群体是双向的,它既能够为上游商家拓宽销售渠道、丰富客源供给,又能够为下游消费者提供出行信息、优化出行体验。因此,OTA平台的营销模式也十分丰富,主要通过短视频、照片、图形、声音等内容为消费者提供多场景的信息获取方式,并通过广告的形式进行营销。由于旅行更具有计划性,因此与抖音、快手之类具有及时性刺激的短视频平台相比,OTA平台仍然能够以内容与广告相结合的模式保持较大的优势。然而随着短视频逐渐成为新的文旅流量风口,OTA平台也开始抓住这一"流量密码",通过搭建"直播+电商"的产业链条,与短视频平台达成战略合作,打造供应链能力,共享客户流量,共同探索"云旅游"场景下的旅游服务。

而近年来,OTA平台的潜在用户群体也发生了极大的变化。研究数据表明,年轻的"Z世代"群体旅游用户占比从2020年的23.3%上升至2021年的28.7%,是增速较快的群体。

除此之外,低线城市的下沉市场游客也充满潜力。随着生活水平的提高,低线城市的居民可支配收入也在逐渐增加,并且其生活成本和压力较一、二线城市居民低,旅游消费的能力和意愿也在不断增强。同时,许多"第一次坐飞机""第一次坐火车"的潜在客户群也为OTA平台带来了新的用户活力。

三、社交媒体平台

微信朋友圈与微博具有"动态性语言"视听合一的特性,偏叙事性表达,属于"低语境"话语体系,更易于使不同文化背景的旅游者产生兴趣,减少旅游者对官方广告的抵触心理反应。同时,在相关图片、文字、短视频、直播的刺激下,旅游者会沉浸在旅游场景当中,最大限度地消除旅游者期待值与体验值之间的偏差,其无意识动机会内化生成"我必须去"的自主性出游动机,从而达到营销效果。

同时,作为国内大型的社交平台,微信朋友圈和微博因社交而产生的商业价值是当今互联网时代的"金矿"之一,而中国互联网的附着产品主要来自广告、商务、旅游和金融。其中,旅游与社交的高度契合也成为旅游业能够在社交媒体平台进行营销的原因之一。旅游者在旅游之后往往会在微信朋友圈、微博等社交媒体上进行分享,从最开始、最简单的口碑传播,到如今的图文、视频的分享,内容展现形式的具象化和丰富化带来了旅游营销的新机遇。社交平台能够打破时间和空间的局限,既能赋予内容同步消费属性,还能够强化决策引导功能。

相比其他平台,社交媒体上的内容来自每一个真实的旅游者,而和UGC社区不同的是,微信朋友圈和微博的旅游者可能是旅游者在现实生活中认识的人,因此其能承载的内容更加可信、全面和多维,可以帮助旅游者进行决策,甚至能够引导发生社交互动。UGC社区对部分用户来说,可能会有一定的心理壁垒,旅游者更偏好于在自己熟悉的领域内进行游后经验分享,而社交媒体能够在一定程度上提供此类安全感。通过此类旅游者的分享,目的地能够吸引其他旅游者进行决策,形成良好的营销循环。

四、差异与分析

在当今的互联网时代,旅游者获取信息的渠道不断增加,信息不对称的情况大大减少,并且有越来越多的旅游者有能力自己进行旅游行程的规划和决策。因此,在旅游者游前、游中、游后的三个阶段,旅游目的地需要根据不同平台和旅游者在不同阶段的消费特点制定不同的营销策略。

(一)UGC平台

UGC平台实质为目前社会发展、个性化提倡下的衍生产物,其主要特征为个性化和先进性。并且,在使用UGC平台时,用户能够实现身份上的转变,从下载旅游资源的获得者逐渐转变为下载的同时可以上传资源的提供者。因此,在UGC平台进行智慧旅游营销时,可

主要以实现用户自我价值为主线,强调用户本身的旅游体验感和分享感。

除此之外,UGC平台的营销往往也离不开KOL,UGC平台通过举办活动,引导平台上活跃的KOL参与,扩大活动的影响力,从而达到扩大营销辐射范围的效果。

(二) OTA平台

OTA平台具有极强的消费性质,因此无论采用什么样的营销策略,OTA平台的根本目标是推动销售。2022年初,OTA平台结合时下流行的盲盒形式,以同程旅行为代表掀起"机票盲盒潮",而顺应潮流的行为暗含的确是各OTA平台的营销期望,即在保留趣味性的同时,更加细分目标客户,聚焦不同群体的消费需求进行针对性营销。

以2022年暑假各大OTA平台推出的活动为例,携程推出"携程超级假期"的活动,将目标瞄准对高性价比旅行好货有需求的人群,在直播间中将"暑假不加价"的类目单独分类推荐;同程旅行推出的"夏日首飞计划"则瞄准了首次在同程旅行预订机票的用户,为他们提供专属乘机福利和人文关怀。

除此之外,OTA平台在社会价值方面的深耕也是另一种形式的"营销",譬如通过技术创新帮助产业链合作伙伴提高经营效率,邀请专家进行线上交流分享,发起面向特殊人群的公益活动等,这些活动均能够提升OTA平台的平台形象,留住客户。

(三) 社交媒体平台

社交媒体平台的核心主要围绕"分享"和"参与"展开,这就代表社交媒体平台的营销策略与传统营销中"自上而下"的理念截然相反,社交媒体更强调"自下而上",指游客通过社交媒体来主动分享旅游信息和体验。因此,将旅游资源打包后进行整体城市品牌包装和广告投放的旅游营销模式已经不适合社交媒体平台的营销,社交媒体营销需要跟随旅游消费主力人群重心的迁移和媒体接受习惯的变化而进行调整。

首先,社交媒体平台营销需要跟随平台拓宽营销渠道。以微博为例,网友能够通过照片、短视频、问答、直播、专栏等多种形式在未到达景区前先身临其境地感受目的地的旅游资源和服务,从而调动旅游动机。从国外经验来看,在Facebook上推广的旅游业七大类行业中,旅游品牌、在线旅行社和酒店的推广就达到了75%,而国内旅游品牌也通过如打造微博话题的方式进行旅游营销推广,不仅各航空公司和旅游景区主推的话题点击率颇高,像甘孜、桓仁这样的小众旅游目的地也在社交媒体上异常火热。

其次,比在社交媒体平台上进行旅游营销更重要的是重建渠道。无论是微信朋友圈还是微博,社交媒体的另一大特点就是用户和内容的真实性,因此在进行旅游营销时,旅游品牌和涉旅企业需要更改在以往营销推广中官方、正式的内容体系,重建能够与年轻群体形成共鸣的社交媒体话题体系,在营销内容上使用"社交语言",通过写段子、讲情怀等方式建立新的营销内容体系。

安徽多措并举加速文旅海外"云圈粉"[1]

安徽是中国旅游大省,拥有黄山、九华山、天柱山、西递、宏村等世界知名景区景点,安徽入境旅游市场已覆盖100多个国家和地区。

据安徽省文旅厅相关负责人介绍,安徽拟在"十四五"期间,建立50个安徽文旅海外宣传推广合作机构,聘请100名安徽文旅海外宣传推广使者。其中,计划面向重点客源地建立首批20个合作机构,聘请30名推广使者,拓展对外交流合作新渠道、新平台,加速文旅海外"云圈粉"。

2022年,安徽将通过西班牙马德里中国文化中心,向西班牙民众推介徽风皖韵;在日韩和中国港台地区等重点客源市场,以图文、视频等形式持续投放安徽文旅宣传广告;赴希腊、日本举办洽谈会、文物展览等;继续举办安徽国际文化旅游节,组团参加重点展会等。

同时,安徽将加大文旅海外"云传播",以日、英、韩等多语种宣传安徽文旅资源。持续通过Facebook、Twitter等海外新媒体社交账号,开展图文、短视频推广;积极与中国文化和旅游部驻外机构对接,通过其官网、社交媒体、短视频账号等开展安徽文旅海外"云传播"活动。

安徽省文化和旅游厅提供的数据显示,截至2022年5月,安徽特色文化和旅游资源在Facebook、Twitter等海外新媒体社交账号的阅读量已突破2.4亿次,累计粉丝超过40万。

第四节 旅游市场感知

随着大数据时代的到来,基于传统数据的旅游业及研究也发生了极大的变化。因为大规模的结构化和非结构化数据在不断地产生、记录、存储和积累,所以行业能够利用数据挖掘技术对用户生成的大量数据进行多维度、多视角的挖掘。并且,通过机器学习、用户构建等方法,行业也能够形成更加清晰和结构化的用户画像,从而帮助企业更深层地了解游客的需求,以及感知旅游目的地的主要认知和形象。同时,大数据能够帮助行业从产品设计、服务质量、品牌忠诚度等方面不断进行优化和提升,从而实现大数据精准营销,设计出更多满足旅游消费者需求的产品。

---

[1] 张强.安徽多措并举加速文旅海外"云圈粉"[EB/OL].(2022-05-22)[2023-07-18].https://baijiahao.baidu.com/s?id=1733529222838699716&wfr=spider&for=pc.

一、用户画像的概念

用户画像就是对用户的行为进行标签化。一方面,用户画像能够方便计算机的识别和运算;另一方面,由于标签具有准确性,用户画像也能够方便人工管理和分析。从智慧旅游营销的宏观角度和所收集的数据特征来看,旅游行业用于形成用户画像的在线文本数据主要来源于OTA平台、UGC社区和社交媒体。

二、用户画像的分类

(一)基于OTA平台大数据的用户画像

用户画像作为大数据的核心组成部分,在众多互联网公司中一直有其独特的地位。用户画像能够将具有代表性的用户群体转化为一个虚拟并且典型的任务形象。而现在,越来越多的文旅企业也在通过用户画像来勾勒用户的个体形象。

以携程大数据用户画像为例,作为国内OTA平台的领头羊,携程有着完善的用户画像平台体系。目前携程的用户画像广泛应用于"个性化推荐""猜你喜欢"等内容推送之中,而对于旅游市场,携程更是将其应用于"房型排序""机票排序""客服投诉"等诸多特色领域。

根据用户的信息、订单、行为等推测出用户的偏好,再针对性地提供产品,能够极大提升用户感受,避免用户被打扰的不适感。而携程用户画像的产品就通过跨BU(Business Unit,业务单元)的模型,从数据收集、特征计算和标签建模三个方面进行用户画像数据的流转。

(二)基于UGC平台大数据的用户画像

以马蜂窝大数据用户画像为例,马蜂窝作为最早的一批UGC社区,其技术团队依靠从海量、杂乱的游记中提炼出来的有效数据,推出结构化、精准的旅游攻略服务。通过大数据分析,如今马蜂窝的主要用户群体是"Z世代"的年轻群体,因此,马蜂窝主要通过用户画像的分析来研究年轻游客的出游情况及旅游消费趋势,以期更好地为其出行服务。而这些年轻游客在马蜂窝的用户画像勾勒下所表现出的出游特质十分明显,他们更加重视对安全的追求、对文化的探寻、对个性的表达和对过程的享受。

当下,"安全"与"小众"越发影响游客的旅游消费决策。马蜂窝通过发布"中国新秘境"榜单的形式,帮助游客找寻更加小众旅游地。由于年轻的游客群体对于中国传统文化的认同感不断增强,马蜂窝就联合优质商家推出博物馆深度讲解类旅游产品。同时,马蜂窝在大数据和用户画像分析的基础上发布了"北极星攻略"品牌,以更加系统化、结构化的攻略内容,为游客提供及时、新鲜的旅行游玩信息,并通过阅读量的反馈,推出有针对性的旅游产品,帮助游客高效完成旅行计划。

随着信息数字技术的发展,旅游产业本身就需要升级换代。而行业的发展离不开用户,在大数据和用户画像的支撑下,行业才能对用户有更精准的把握,提供更多游客真正需要的体验和服务。而用户画像也能够进一步赋能目的地营销,为目的地挖掘更多符合用户群体的奇特玩法和创新灵感,使更多企业、OTA平台与游客、目的地形成有互动的产业供应链。

(三) 基于社交媒体大数据的用户画像

在数字时代,社交媒体无疑是人们生活中最重要的信息获取来源。根据 SlideShare 在 2021 年发布的数字全球报告,全球互联网用户已经达到 48.8 亿,其中社交媒体用户在过去一年间增加了 4 亿多,这意味着社交媒体的大数据在旅游市场上也有着十分突出的现实意义。下面以新浪微博为例,分析基于微博大数据的用户画像。

1. 用户属性与用户兴趣

社交媒体关系到个人在线上与线下身份的识别和连接,因此往往会通过引导、调查和第三方提供的形式收集用户相对静态和稳定的用户属性(性别、年龄、地域、受教育程度等)。因此,类似于新浪微博的社交媒体软件天然可以通过收集用户属性来进行用户画像标签的分类和给予。

而用户兴趣则是一种更加动态和易于变化的特征。首先,兴趣容易受到职业、环境、社会热点事件、人群的影响,因此很容易发生迁移,相对来说更不容易被捕捉。而微博可以通过热搜榜的运营、热门话题点击率,以及用户发布微博的关键词收集和计算来对用户兴趣进行一段时间内的标签化。但用户在互联网上的行为多样且碎片化,不同行为往往象征着较大的差异,因此不同行为反映出来的兴趣差异也会在不同时间内呈现不同的特点。

2. 旅游用户画像及营销

目前,旅游用户是微博上规模最大的兴趣人群。整体来看,微博旅游相关内容的热度与旅游市场的热度呈现明显正相关,而旅游目的地在微博的热度也与游客出行方向呈现正相关。而旅游相关话题的微博用户讨论人数和签到打卡人数都占微博使用用户的四成至五成。

近年来,新浪微博仍然能够通过新浪榜单排名、目的地微博提及量、热搜以及相关话题热度等综合热度指数推选出旅游目的地排行榜单。而通过大数据用户分析,新浪微博也能够提炼出不同类型的游客主要集中在哪些年龄群体。譬如在 2021 年的红色旅游热潮中,"90 后""95 后"年轻群体就成了主力军。从行前获取旅游灵感到行中、行后的旅游分享活动,新浪微博都在旅游出行的消费链路中,从来自"蓝 V"、达人以及普通用户的攻略体验分享中提炼内容,构筑微博旅游的灵感池,持续影响着旅游出行消费人群的决策。

第五节　旅游内容生产

一、UGC 内容产出与构建

随着移动互联网的快速发展和数字化技术的不断进步,游客的需求已经不只是简单的产品搜索、询价和预订,他们更希望能够在旅游的各个阶段获取更多真实的目的地信息,并且能够随时购买和体验目的地的任意线路和产品,展示与分享自己的旅游经历和故事,这就是 UGC 平台诞生的原因。游客可以通过文字、图片、视频、评论等形式在平台上展示自己的旅游经验和旅游感受,这也逐渐成为在线旅游平台的重要组成部分。

（一）KOL营销

KOL全称Key Opinion Leader，指关键意见领袖，通常被定义为拥有更多、更准确的产品信息，且为相关群体所接受或信任，并对该群体的购买行为有较大影响力的人。目前互联网时代语境下的KOL一般是指粉丝基数较大的"网红"、明星或者主播，他们能够对粉丝购买决策产生影响。

由于KOL往往能够影响大量的人群，而这也是他们能够进行带货的基础，品牌往往能够通过KOL获得极高的销售额。同时，KOL营销还能够提升品牌形象，许多品牌通过邀请KOL来作为品牌代言人或推广大使，以此提高品牌的知名度。

而在旅游领域，KOL内容营销也是能够快速将目的地品牌推向市场的重要营销手段。无论是丁真的爆红带动理塘，抑或是抖音博主"垫底辣孩"与目的地政府合作拍摄的旅游宣传视频，都是KOL内容营销拉动行业发展的典型案例。

（二）影响者营销

随着内容营销的发展和普及，在线创作也向市场展示了其强大的潜力。但是随着在线网页上出现了越来越多的广告投放，内容营销也面临着相应的挑战，因此，必须找到能够与客户建立新联系的方法，在这一背景下，影响者营销应运而生。

Influencer Marketing，影响者营销，又称洞悉者营销，指的是品牌利用心理学知识，利用人的影响力打入目标市场。对目前年轻化的消费市场来说，相比传统名人，影响者更容易取得顾客的信任。而对品牌来说，影响者营销意味着品牌不需要浪费资源来推销自己，而是利用影响者代表他们发言，传递品牌想传达的信息。

而随着平台渠道的不断发展，越来越多的影响者出现在各种各样的平台上，比如典型UGC社区小红书、知乎，以及短视频平台抖音、快手等，品牌通过寻找影响者进行软广告的投放，再通过平台跳转或者购物车功能完成销售。

二、AI内容生成与推荐

（一）什么是AIGC

AIGC（Artificial Intelligence Generated Content）是由AI生成的内容，其特点是自动化、高效率生产，是元宇宙时代重要的互联网内容生产方式。在互联网内容生产方式的演变过程中，内容生产经历了从PGC到UGC再到AIGC的一个重要过程。PGC（Professional Generated Content）是专业生产内容，如Web1.0和广电行业中专业人员生产的文字和视频，其特点是专业、内容质量有保障。UGC是用户生成内容，特点是用户可以自由上传内容。而随着自然语言生成（NLG）技术和AI行业整体模型的成熟，AI也由于能够自动生成图片、文字、音频、视频，甚至代码和3D模型而逐渐受到大家的关注。

（二）AIGC底层技术突破助力内容精美化

现阶段，随着底层技术的突破，深度学习模型和去噪扩散模型的相互结合，使AI自动生成文字和图片的质量得到了质的提高，从而使AIGC更加成功地应用于多个领域的智能化内容产出之中。

1. 在 AI 生成文字方面

目前 AI 已经能够完成写策划、写邮件、写广告、写小说、写诗和散文等创作型内容产出。目前,OpenAI 的 GPT 模型是 AI 生成文字中最成熟的模型,ChatGPT 的出现则再次带领整个 AIGC 行业向公众迈出了巨大一步。而写邮件的 OthersideAI,自动写广告的 Copy.ai 和 Jasper AI 也在用户数量上突进,获得大笔融资。国内,百度研发的文心大模型家族中的"文心一言"也以优秀的文字处理能力崭露头角。

2. 在 AI 生成图片方面

AI 作画水平也突飞猛进,其背后的算法模型也在不断更新迭代。从最开始只能生成粗糙图片的 Disco Diffusion,到 OpenAI 发布的能够生成完整人像和图片的 DALL-E2,到 Stability AI 发布的能够快速生成媲美专业画师作品的 Stable Diffusion 模型,再到在社交媒体掀起热潮的绘图神器 Midjourney,AI 生成图片的质量和速度都取得了突飞猛进的发展。

3. 在 AI 生成音视频方面

在 AI 生成音频方面,2022 年 10 月,AI 播客 podcast.ai 生成的一段关于乔布斯的访谈在科技圈广为流传,整个访谈听起来基本可以做到以假乱真。而在 AI 生成视频方面,目前还没有比较成熟的 AI 生成视频的算法模型,比较出名的仅有 Meta 推出的能够实现文字、图片、视频互相转化的 Make-A-Video,还有能够仅通过文本描述生成情节连贯视频的 Phenaki。

(三) AIGC 实现旅游内容商业化

旅游业在发展过程中仍然存在着线路设计单一、游客自主选择权利匮乏的痛点,在旅游线路规划和旅游内容推荐上引入 AICG 技术,能够根据用户实际情况精准提供建议,进行内容产出和推送,使用户获得更具个性化的旅行计划。同时,AI 内容也能够依靠大数据算法对目前旅游市场所关注的热点问题有所预测和把控,通过一定数量和质量的内容产出,进行目的地营销,加速推动旅游业发展。

此外,AI 内容不仅为用户制定计划的过程提供了无限的便利,还有投放准确的突出优势。通过记录与分析用户日常生活中所产生的数据,AI 能够全面而理性地对用户性格、爱好和特征做出描述,甚至连用户潜意识中的偏好都能有所把握。换言之,AI 可能比用户自己还要了解自己。因此,就像 AI 作画是由用户通过输入一连串想象的符号,将作画的笔交给 AI 一样,旅游领域的内容产出也有可能变成用户将关键词输入 AI,AI 就能够自动生成具有用户个人特征的旅游攻略、视频、图片等,这也在很大程度上解决了目前 UGC 社区和短视频平台共同面对的内容同质化的问题。

三、虚拟旅游体验

虚拟旅游是指建立在现实旅游景观基础上,利用虚拟现实技术,通过模拟或超现实景,构建一个虚拟的三维立体的旅游环境,使游客足不出户就能够在虚拟环境中游览风光美景。虚拟旅游技术的研究与应用目前主要集中在 VR、AR 和元宇宙三个领域。

（一）VR旅游

VR旅游即为虚拟现实旅游，是指以计算机技术为主，囊括计算机、电子信息和仿真技术，利用并综合三维图形技术、仿真技术、伺服技术等高科技发展成果，借助电子设备，从视觉、触觉、嗅觉等角度打造一个能够给予用户多种感官体验的虚拟世界。随着社会和科学技术的发展，各领域对VR的需求都日益旺盛，VR在旅游领域也开始被广泛应用。

（二）AR旅游

AR旅游即增强现实旅游，是指通过多媒体、智能交互和传感等多种技术手段，对计算机生成的文字、图像、音乐等虚拟信息进行模拟仿真处理，促进现实世界信息和虚拟世界内容的融合，实现超越现实的感官体验。

（三）元宇宙旅游

元宇宙是一种人类整合了多种数字技术而构建的，能够与现实世界交互，实现虚实相融的，具备新型社会体系的互联网数字生活空间。元宇宙通过扩展现实技术提供沉浸式体验，并基于现实世界的真实映射，融入区块链技术搭载经济体系，使人们能够将现实世界和虚拟世界的身份实现全社会面上的共通，达成社交、经济、身份等多方面的融合。同时，元宇宙允许用户进行原创内容产出和编辑，增强了空间的可操作性。

 格物致知

华强方特：AR沉浸式轨道船体验项目《致远 致远》[①]

《致远 致远》是由华强方特自主开发，以北洋水师致远舰为主题打造的国内首款全自动水上巡航大型船载RIDE体验项目，该项目运用了数字虚拟影像场景、大型全程可控动感轨道船、高仿真特技特效、智能控制等前沿科技，使游客可以乘坐能够在水上巡航、具有360°旋转等动感效果的游船，并且还采用了大型虚拟数字影像营造的沉浸交互体验环境、智能机器人的鲜活表演以及水炮、火炮等特技特效。

游客可乘坐轨道船沉浸式体验和见证致远舰从诞生到沉没的传奇历程，亲历洋务兴起、甲午海战等重大历史事件，一睹民族英雄邓世昌的壮烈风采，领略近代以来中国人工业化探索、走向海洋的伟大征程，感受百年传承的致远精神。

《致远 致远》作为方特高科技红色文化主题公园品牌"方特东方欲晓"的重点项目，创造性地实现了文化历史、科技、表演艺术和沉浸性游览的有机融合，让游客在游玩互动中体验红色文化，感受爱国主义熏陶，为传承弘扬红色文化提供了

[①]郭香玉.华强方特《致远 致远》项目入选文旅部"数字化创新实践优秀案例"[EB/OL].(2022-11-08)[2023-07-20].
http://www.news.cn/travel/20221108/5b4f46de87d6407f88f145dff8f863e1/c.html.

全新平台,为红色文旅打造了全新消费业态和场景。

2021年至今,《致远 致远》在赣州、宁波、淮安等"方特东方欲晓"主题公园中成功运用,与众多红色主题项目共同呈现极致的沉浸式体验,掀起当地红色旅游热潮,受到了游客和社会各界的青睐。未来,《致远 致远》还将落地荆州、绵阳等地,继续引领红色文化旅游进入新时代。

教学互动

我国的智慧旅游营销形式多样,请思考:你在选定旅游目的地时更容易接受哪种类型的智慧旅游营销?你的父母在选定旅游目的地时更容易接受哪种类型的智慧旅游营销?请构建用户画像,并与同学交流讨论。

本章小结

本章遵循智慧旅游营销"4P+C"的内容框架,从产品(Product)、定价(Pricing)、平台(Platform)、感知(Perception)和内容(Content)五个方面对智慧旅游营销进行阐述,介绍了目前国内旅游业的营销方式在与信息技术融合后,形成的一部分新思路和取得的成就。

重点概念

数字化营销　动态定价　用户画像

章节测验

第六章

智慧旅游相关技术

本章概要

智慧旅游作为一种全新的旅游形式,通过借助物联网、云计算、人工智能等相关技术在旅游体验、旅游服务、景区管理中起到一定的作用,从而推动旅游市场的转变与发展。本章将从技术的概念、工作原理、特点,以及智慧旅游相关技术在旅游业中的应用等方面进行讲解,继而提高个人对旅游新形态的认识。

学习目标

◁ 知识目标 ▷

(1)了解智慧旅游相关技术的基础概念。
(2)熟悉相关技术所涉及的知识原理。
(3)掌握智慧旅游技术在旅游业中的发展及应用。

◁ 能力目标 ▷

(1)能够结合技术的相关特点分析和理解其应用原理。
(2)能够独立自主地分析相关技术的优劣。

◁ 素养目标 ▷

(1)促使学生了解在智慧旅游中多种相关技术如何协同作用。
(2)培养学生对科学技术手段的创新能力,从而推动旅游业的发展和国家科技产业的兴盛。

第六章

智慧旅游相关技术

知识导图

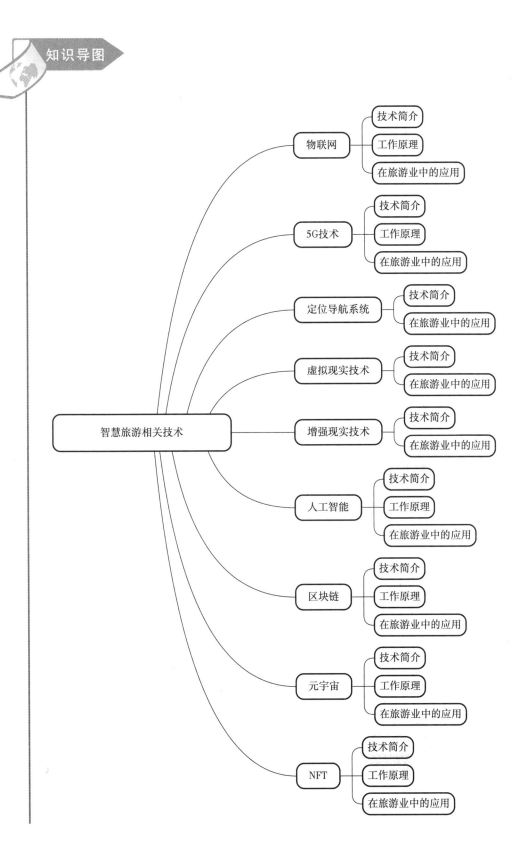

章节要点

5G 技术　定位导航技术　人工智能技术　虚拟现实技术　增强现实技术

案例导入

北京市陶然亭公园 5G 游船智慧管理

北京市陶然亭公园率先采用的 5G 游船管理模式,让游客可以实现云排队,轻松游玩,避免了消费者因现场排队过长而带来的厌烦心理,也在一定程度上为接下来的行程节省了时间。5G 游船只需要家庭中的一人通过扫描二维码选择就近码头进行预约排队,如前面没有人等候,就可以直接登船了。反之,如果等候人数过多,会有手机短信提醒还需多长时间、前面还有几人,减少因过号不能登船的情况。

5G 游船管理模式主要是通过在船上安装特定的具有定位功能的盒子,借助定位导航系统对船只进行实时管控,就景区管理工作而言,管理者可以便捷管控船只,避免因船只不够、未按时回来而导致游客量的堆积,同时当出现极端天气时,管理者可以根据船只定位对其展开营救,避免人员意外伤亡。随着技术的不断发展,船只有望与虚拟现实技术相结合,让游客在划船途中借助 VR 实现沉浸式体验,感受船只颠簸,体验激流冲刺。

第一节　物　联　网

一、技术简介

物联网技术是指在信息科技发展过程中,通过结合各种信息传感器、射频识别技术、全球定位系统、红外感应器、激光扫描器等装置与技术而生成的网络链接结构,即按照事先约定的协议,将各种实物乃至人与互联网进行连接,从而进行信息的交换与传输,以实现对物品和过程的智能化感知、识别和管理的一种网络。物联网的核心仍是互联网,是在互联网基础上延伸和扩展的网络。物联网具有与互联网相同的资源寻址需求,以便相关信息在网络中能够被快速高效地复制、定位和查询。

二、工作原理

物联网的实质是利用射频识别(RFID)技术,通过计算机互联网实现物品的自动识别和信息的管理与共享。RFID标签中存储着相当规范且具有互用性的信息,无线数据通信网络可将这些信息自动采集到中央信息系统,实现物品的识别,进而通过开放性的计算机网络实现信息的交换和共享,实现对物品的"透明"管理。物联网的参考体系结构可分为三层,即感知层、网络层和应用层(见图6-1)。

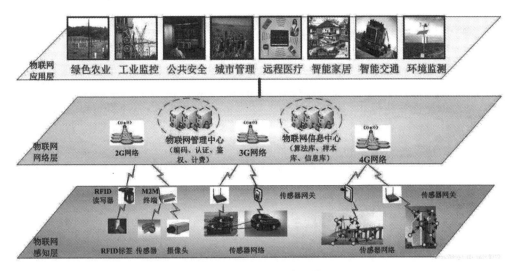

图6-1 物联网层次结构

（一）感知层

感知层包括二维码标签和识读器、RFID标签和读写器、摄像头、GNSS(全球导航卫星系统)、传感器、终端和传感器网络等,主要工作是完成信息的收集与简单处理、用于识别物体和采集信息。

（二）网络层

网络层作为物联网的中心,主要包括通信网与互联网的融合网络、网络管理中心、信息中心和智能处理中心等,其主要工作是将感知层获取的信息进行传递和处理,其作用类似于人体结构中的神经中枢和大脑。

（三）应用层

应用层主要完成服务发现和服务呈现的工作,其作用是将物联网与行业需求相结合,实现广泛的智能化。物联网工作原理如图6-2所示。

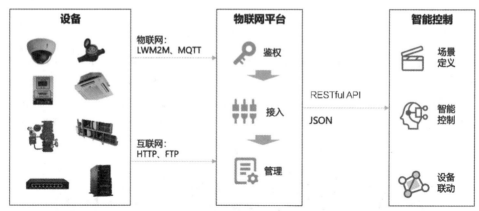

图6-2 物联网工作原理示意图

物联网的实现步骤主要包括三部分：

(1)对物体属性进行标识,属性包括静态属性和动态属性,静态属性可以直接存储在标签中,动态属性需要先由传感器实时探测；

(2)通过识别设备对物体的属性进行信息提取；

(3)将物体的信息通过网络传输到信息处理中心进行通信方面的相关计算。

三、在旅游业中的应用

(一)自助导览功能

旅游景区将地图与互联网技术相结合,提供精准地图导览、电子导游讲解、智能旅游路线推荐、信息发布、景点科普等服务,游客通过扫码或者关注微信公众号即可使用。例如,国家海洋博物馆的出入口以及展厅通道衔接处放置有自助租赁终端,游客可根据自身讲解需求在参观前或参观过程中随时租赁导览设备,并在参观结束后选择任意一台租赁终端归还设备即可。这不仅有利于提高游客的参观自由度,实现全流程的自助式导览服务,还让游客在旅游参观时有更加便捷、更加流畅的旅游体验,产生幸福感,同时导览系统也可通过网络技术帮助景区科学统计参观人数,对景区进行功能制定。

(二)景区电子票务

景区电子票务,也称为无纸化电子票,随着旅游业的快速发展,景区电子票务系统也随之应运而生,其主要利用OTA平台对接智慧票务系统,通过智能闸机实现游客无纸票化一码入园。就园区管理而言,该系统可以有效节约园区内工作人员的时间,保证了一人一票通行,不仅能避免漏票、假票现象的发生,同时也提高了工人效率。就游客而言,该系统减少了因购票、验票排队产生的不良旅游体验,以及解决了游客因未带现金而无法购票的问题。当前,预约购票一体化正在稳步推进。

为贯彻习近平总书记关于景区管理"限量、预约、错峰"的重要指示精神,落实文旅部、各级地方政府相关工作要求,各大旅游平台打通了分时段预约功能,并对入园、出园、在园人流量进行实时监管,有效缓解了景区人流压力过大的问题。在此基础上,多平台开发了独有的OTS系统,实现了"预约码、健康码、票务信息码"三码合一。例如,河北省文旅厅将秦皇岛市作为试点,积极部署推进"乐游冀"平台的预约、购票、核销一体化的落地,基本实现秦皇岛景区的服务覆盖。截至2021年12月,平台已完成河北省40家景区的OTS系统对接,实现了预约、购票、核销一体化,游客只需现场完成身份认证就可快速进入景区,极大地简化了入园流程。

第二节 5G 技术

一、技术简介

5G技术也称第五代移动通信技术,是迄今为止最新一代的移动通信技术,属于4G系统后的延伸。作为目前世界各国建设的重点目标,与2G、3G、4G相比较而言,5G不仅具有高可靠性、低延时性等特点,同时5G系统使终端用户(即最终使用产品的用户)的体验发生本质变化,用户可进入无限网络容量的体验时代。5G时代的到来,将实现从人与人之间的通信走向人与物、物与物之间的通信,达到万物互联的一个新高度。

同时,5G技术也在其他领域广泛应用。党的二十大报告中提出,推进中国健康建设。把保障人民健康放在优先发展的战略位置,完善人民健康促进政策。同时,可大力倡导开展相关活动。例如,医院可借助5G通信技术开展远程会诊,让患者在基层医院即可拥有面对面与知名专家进行交流的机会,同时支持高清音频、视频交互以及医学影像数据资料的传输,让专家随时掌握病人病情,有效地提高医疗服务质量和服务水平。此外,在2022世界5G大会上,华为展示了5G在智慧矿山、智慧石化、智慧电网等多领域的创新成果,实现了让5G信号在纵横的岩石间穿梭,让地面与井下有序展开工作。

二、工作原理

5G作为先进的科学技术,采用全新的服务化架构、全服务化设计,不仅支持灵活部署和差异化业务场景,同时还支持按需调用,实现功能重构。在5G无线通信网络中主要应用了MIMO技术、毫米波无线通信技术、D2D技术、双公开技术。

(一)MIMO技术

MIMO技术作为5G无线通信网络层的重要核心技术,对无线传输技术的进步有着关键性的作用。首先,与传统的MIMO技术相比,大规模的MIMO技术具有一定的优势,主要体现在可以降低硬件配置的复杂性,提高信息的管理效率和抗干扰能力,降低动能的消耗和成本。

其次,随着无线天线数量的不断增加,大规模的MIMO技术通过不断调整天线的布局、形状而在一定程度上解决了信息传输受阻的问题。MIMO技术特点如图6-3所示。

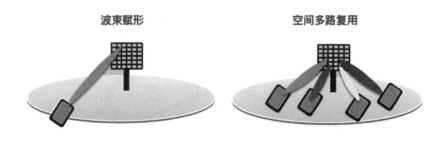

图6-3 MIMO技术特点

（二）毫米波无线通信技术

毫米波无线通信技术作为一种具有高质量、恒定参数的无线传输信道的通信技术，拥有极高的频段，能够以直射波的方式在空间进行传播，其波束窄，具有良好的方向性，但毫米波无线通信技术易受天气的影响而导致通信距离变短、信号变弱。

（三）D2D技术

D2D技术是一种无线通信资源生产和调度方法，可以实现点对点消息的即时传输，即UE（用户设备）使用蜂窝移动网络的频段资源完成通信，而不通过通信基站共享（见图6-4）。

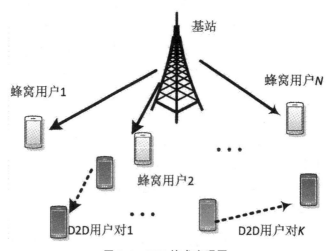

图6-4 D2D技术实现图

（四）双公开技术

双公开技术是指信息内容可以建立同时传输和同频传输。当通信系统在数据传输过程中受到信号干扰，公开技术的性能可以有效提高频率的利用率，完成多频报文传输，摆脱通信系统无法在多频传输的瓶颈问题。

三、在旅游业中的应用

（一）交通信息获取

无线通信技术尚未普及之时，出行旅客获取交通信息的主要途径是交通部门将监测到的有关信息，如道路车流情况、堵塞程度、路面状况等信息通过互联网或者是无线电广播传送给公众。而随着5G时代的到来以及5G技术在多领域的广泛应用，车联网因其极低延时和高度可靠等特性得到极大发展和应用，在交通情况预知方面也变得更加灵活。不论是长途还是短途，每一辆车都以一个智能终端的形式存在，通过车载电脑，车辆就能主动、迅速、实时接收路况信息，并且根据信息及时调整出行路线，提升出行旅客的旅途幸福感。

不断提高人民生活品质是中国现代化发展的重要目标，要在提高人民幸福指数的同时不断丰富人民的精神世界。例如，虎门"5G＋智慧出行"旅游专线，能方便快捷地帮助游客规划旅游路线，同时在前往相关景点的路上，还专门为游客进行景点播报，为游客提供"车辆即景点、出行即体验、服务国际化"的特色服务。与此同时，旅游专线交通车辆的外观是根据当地特有的文化进行设计的，此方式可以传播当地的历史文化、人文情怀。并且车厢还融入了高科技设施，"5G＋VR"让游客在路途上就可以沉浸式游玩；整车Wi-Fi覆盖，让游客有良好的网络带宽体验，避免了因网络不佳而带来的负面情绪，以免降低旅游出行所带来的幸福感。

（二）客流信息获取

5G网络作为4G网络的延伸，因其具有更高的效率与极低的延时性，可随时随地将各种智能终端设备与景区物联网进行连接，游客只需要将随身携带的具有5G移动通信网络的手机连入景区物联网内，就能实时了解各游览线路的客流情况，从而及时调整参观顺序。

知识活页   5G技术在博物馆中的应用

第三节 定位导航系统

一、技术简介

（一）北斗卫星导航系统

北斗卫星导航系统（简称BDS，北斗系统）是中国自行研制的全球卫星导航系统，也是继GPS、GLONASS之后的第三个成熟的卫星导航系统。与GPS相比，截至2023年5月17日，我国已成功发射56颗北斗导航卫星，超越GPS的31颗卫星。北斗系统成功实现了从无到有、从有到优、从区域到全球的历史跨越，刷新了中国速度，展现了中国精神，彰显了中国气度。

北斗系统的基本工作原理是将高速运动的卫星瞬间位置作为已知的起算数据，采用空间距离后方交会的方法，确定待测点的位置。按定位方式，北斗系统定位分为单点定位和相对定位（差分定位）。单点定位是根据一台接收机的观测数据来确定接收机的位置，只能采用伪距观测量，可用于车船等的概略导航定位。相对定位（差分定位）是根据两台以上接收机的观测数据来确定观测点之间的相对位置，既可采用伪距观测值也可采用相位观测值，大地测量或工程测量均应采用相位观测值进行相对定位。之后，北斗系统通过解码或采用其他技术，获取真实距离。北斗系统工作原理如图6-5所示。

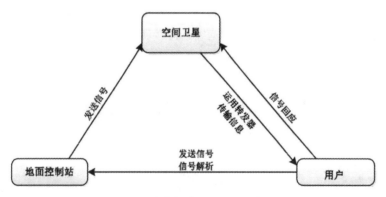

图6-5　北斗系统工作原理示意图

党的二十大报告指出，必须坚持科技是第一生产力、创新是第一动力。完善党中央对科技工作统一领导的体制，健全新型举国体制，强化国家战略科技力量，优化配置创新资源，提升国家创新体系整体效能。例如，高德地图与千寻位置宣布达成战略合作协议，并共同发起"北斗出行应用创新计划"，助力北斗系统在交通出行场景的广泛落地。基于北斗高精确的定位导航功能，平台自主研发设计了交通事件的预警播报功能，此外还增加了共享位置报平安等众多特色服务，这在一定程度上为旅游者缓解了因交通不便所带来的困扰，以及在一定程度上降低了登山爱好者因地理位置、环境等不确定性因素带来的危险指数，增强了旅游体验感。同时人们可通过更加丰富的应用场景,增强对北斗系统的认知,更好地感知北斗系统对其日常生活及出行的改善。

(二) GPS

GPS(Global Positioning System)即全球定位系统,是由美国研制建立的一种具有全方位、全时段、高精度的卫星导航系统,能够快速、高效、准确地提供三维坐标以及其他的导航信息,是卫星通信技术在导航领域的应用典范,不仅提高了社会的信息化水平,亦推动了数字经济的发展。

截至2023年7月3日,GPS共有31颗卫星,与北斗的工作原理大致相同,每颗卫星不间断地发送自身参数和时间等信息,GPS信号的接收设备则通过测量卫星无线电信号的传输时间来测量距离,计算多颗卫星的信号最终确定当前设备所处的精确位置。

二、在旅游业中的应用

(一) 文物保护

定位导航系统因其具有高精度定位的功能,可以实时监测古建筑的裂缝、沉降、位移等情况,有效解决因文物保护区面积太大导致巡查力量不到位而产生的问题。目前,广东、陕西等多地已借助北斗系统来帮文物保护工作者掌握各项监测数据,便于他们发现古建筑潜在的各种隐患,制定针对性的保护方案,有计划地实施预防性保护。

(二) 搜救功能

北斗系统的搜救功能具有双向性,即当遇险者发送求救信息时,救援人员也可利用北斗系统向遇险人员发送反馈信息,告知其报警信息已被收到。如若游客在旅游途中走丢,此技术不仅可以提高救援成功率,同时也可以及时安抚游客的恐慌情绪。

(三) 旅游景区车辆调度

GPS车辆调度系统是利用GPS技术、电子地图技术,进行景区车辆的监控、调度和导航。车辆监控由运行于服务器上的监控中心系统实现,景区管理人员可通过监控中心对景区内车辆进行全方位的监控,有效地对车辆进行实时追踪。此系统可显示车辆所在的具体位置,进行历史轨迹查询,统一管理车辆信息,从而降低管理成本。

第四节 虚拟现实技术

一、技术简介

虚拟现实技术(VR技术)是一种可以创建和体验虚拟世界的计算机仿真系统,即通过电脑系统模拟出三维空间虚拟世界,并向用户提供关于视觉、听觉、触觉等方面的模拟体验,让用户如临其境般地置身于虚拟世界之中,不再受限于地理空间的影响,来一场"说走就走"的旅行。

虚拟现实技术主要包括环境建模、感知、自然技能和传感设备等方面,环境建模技术是指计算机利用获取的三维数据建立相应的虚拟环境模型。感知是指除计算机本身产生的视觉外,获取人在真实世界中可通过眼睛、耳朵、手指、鼻子等器官体会到的一切感觉。自然技能是指人的肢体动作,由计算机来处理与参与者的动作相适应的数据。传感设备是指三维交互设备。

VR工作原理:通过计算机仿真技术来创建一个虚拟三维世界,为用户提供视觉、听觉和触觉等感官的模拟体验,在虚拟三维世界中可以实现360°的全景互动,使环境具有强烈的沉浸感和立体感,而且允许用户与虚拟世界进行通信。

虚拟现实技术得以实现主要依靠实时三维计算机图形、感觉反馈技术、头部追踪技术、语音技术、眼球追踪技术、手势跟踪技术、声音技术等。

（一）实时三维计算机图形

当人们观察周边事物时,由于眼睛位置的不同,所看到的图像也会不同,这些碎片化的图像共同构成了周围世界的完整画面,凭借精确的模型可以实时获取并创建在不同的条件下的精确图像。

（二）感觉反馈技术

在一个虚拟环境中,假如你用手去拿一个杯子,但你的手却不会有触碰到杯子的感觉,而VR技术则是通过启动一些触点,使其在手套内层振动让人获取与现实生活中一样的触感。

（三）头部追踪技术

虚拟现实技术将用户的视觉系统与运动循环系统分开,使用头部跟踪来改变图像的视角,将用户的视觉系统连接到更真实的运动循环系统。当我们向某个方向看时,头部检测技术识别出运动,并且硬件立即显示我们看去的方向的场景,这就意味着在虚拟世界中我们可自由行走、随意切换视角。

（四）语音技术

音频输入和输出在VR系统中也十分重要。它要求虚拟环境能够理解用户的语言并且能够实时与人们进行交流。

（五）眼球追踪技术

在VR的技术领域,眼球追踪技术是通过获取我们的眼球运动信息并且建模来实现的。该技术可以根据显示的场景改变而变化,从而提供更加身临其境的体验。

（六）手势跟踪技术

通常有两种方法可以进行手势跟踪,一种是使用光学跟踪,另一种是在传感器上佩戴数据手套。光学跟踪的门槛较低,适用于灵活多变的场景,但因视野有限,其使用更麻烦。而数据手套是将惯性传感器集成到手套中以跟踪用户手指甚至整个手的移动,这种方法可以在设备上集成反馈机制。

（七）声音技术

我们经常通过确定声音的相位和强度的差异来判断声音的位置，但在现实生活中，随着头部的转动，听到的声音也会发生转变，而在虚拟现实技术当中，使用者转动头部也不会改变他们对声音方向的判断。

二、在旅游业中的应用

（一）展示文物古迹

我们国家的很多文物、古迹受所处地域、温度等因素的影响，极易遭受到破坏，而将虚拟现实技术应用到文化景区，就能够将现实中的文物搬到虚拟世界中，比如敦煌莫高窟利用 VR 技术、虚拟漫游系统使游客不必亲临此地，便可以欣赏敦煌的盛况，减少了人为的破坏。同时相关单位也可以将虚拟技术与网络技术相结合，建立信息数据库，保存文物原有的各项形式数据等重要资源，并且可以利用这些技术对文物进行高精度的修复以及预先判断，有计划地设计预防性保护措施。

（二）旅游宣传

旅游网站、旅行社网站通过建立虚拟旅游视景系统，可以对现有旅游景观进行虚拟化，就旅游消费者而言，他们可以提前对此地的情况进行简单的考察并且设计适合自己的旅游路线。这种宣传方式不仅能够为消费者带来很好的旅游体验，刺激旅游动机，引导旅游客流，实现旅游增效，同时也是对旅游资源的一种开发和宣传，有利于旅游目的地扩大影响力。

（三）360°实景旅游

虚拟技术可让游客通过触摸或者使用鼠标和键盘控制观察全景的方向，可左、可右、可近、可远，让游客感到就像在真实的环境中欣赏景物一样。同时使用者可以根据自己的习惯选择参观内容以及旅游路线，这有着极强的交互体验感以及表现力。将这项技术融入于旅游景点的开发，有利于扩大该景点的影响力，使其不再受限于空间，促使旅游业实现更好发展。

第五节　增强现实技术

一、技术简介

增强现实技术（AR 技术），是一种可以随时随地计算影像的位置及角度并附加上相应图像，将真实世界信息和虚拟世界信息相结合的技术。这种技术不仅展现了真实世界的信息，而且把虚拟的信息也应用到了真实世界，被人类感官所感知，两种信息相互补充、叠加，达到超越现实的感官体验。

增强现实技术包含了多媒体、三维建模、实时视频显示及控制、多传感器融合、实时跟踪及注册、场景融合等新技术与新手段。与 VR 不同的是，AR 交互方式的最根本特点是尊重

和保留现实场景。它有三个特性:一是互动性和参与感,让现实场景与信息、经验、思维、想象力融合,即真实世界和虚拟世界的信息集成;二是实时交互性,因为现实场景是实时的、不断变化的,AR技术打破了时间和空间对信息的阻隔;三是低成本、体验好。

AR工作原理:首先通过摄像头对真实场景进行数据采集,并传入处理器对其进行分析和重构,再通过AR设备实时更新用户在现实环境中的空间位置变化数据,从而得出虚拟场景和真实场景的相对位置,实现坐标系的对齐并进行虚拟场景与现实场景的融合计算,最后将其合成影像呈现给用户。

二、在旅游业中的应用

(一)场景再现

场景再现是指在游览过程中通过虚实融合等技术,让游客领略历史上的重要事件,加强游客游览过程中对现实场景的体验和理解。

甘肃省博物馆通过运用AR复原技术再现红色革命场景,打造视觉、听觉等全方位、立体化的沉浸式体验,创新红色教育模式,让游客穿越回革命历史场景,感受可歌可泣的革命历史故事。此外,甘肃省博物馆还专门推出了AR献花板块,通过AR增强现实技术,游客可以跨越时空限制,为革命先烈献上一束花,与先烈们开启一段穿越时空的对话。

(二)AR地图导航

首先,AR景区导航系统可以实现人的精准定位,在一定程度上解决了游客因景区过大、环境复杂等客观因素而迷路的问题,提升了景区管理者的管理能力。其次,运用AR技术为游客提供身临其境的体验感受,可以帮助管理者更加精准地了解游客的心理需求、捕捉游客的行为特点,从而为游客提供更优质的服务,增加游客与旅游目的地之间的互动,提升游客参与度。例如,黄龙景区借助AR技术手段开启黄龙景区的新地图,游客只需要打开手机即可通过AR镜头穿越时空,行走于现实与虚拟世界之间。

格物致知

首钢一高炉·SoReal元宇宙乐园

2021年3月,十三届全国人大四次会议通过《中华人民共和国国民经济和社会发展第十四个五年规划和2035年远景目标纲要》,明确提出:打造数字经济新优势、加快数字社会建设步伐、提高数字政府建设水平、营造良好数字生态。

同时,随着人们对美好生活的向往将不再局限于吃、穿、住、行,对于精神世界富足的欲望一跃而起,这使得虚拟空间成为人们追求解放自身的新方式。因此,首钢一高炉·SoReal元宇宙乐园成为华北地区最大流量的线下元宇宙入口,也是全球首个XR与百年工业遗存结合的国际文化科技乐园。乐园内包含虚拟现实博物馆、科技秀、沉浸式剧场、大空间真人VR电竞游戏、特色商品区、未来光影互动餐厅及全息光影互动酒吧等新消费、新业态。

乐园中的沉浸式体验场景，能够让年轻的主流消费者群体以全沉浸、全感官的方式足不出户"畅游天下"，感受大千世界，实现虚拟空间中的"真实在场"，获得现实世界的补偿性满足，一座由百年工业遗址变身的首都消费新地标即将诞生。

如今，元宇宙已成为发展数字经济和培育新消费的创新支点。在不久的将来，乐园将采取"数字技术创新＋线下场景开拓"双驱动模式，继续拓展新的元宇宙消费场景，推动首都数字经济走向新空间，开拓新市场。

第六节 人工智能

一、技术简介

人工智能是研究、开发用于模拟、延伸扩展人的智能的理论、方法、技术及应用系统的一门新的技术科学，它由不同的领域组成，如机器学习、计算机视觉等，总的说来，人工智能研究的主要目标是利用此技术手段生产出一种全新的与人类智能相似的并且能够做出反应的机器。人工智能是计算机科学的一个分支，是对人的意识、思维的信息化过程的模拟，该领域的研究主要包括机器人、语言识别、图像识别等。

人工智能技术在诸多行业广泛应用，例如，物品传送机器人作为简化护理流程的一项创新，通过传感器、无线网络及医院中央系统，按照要求执行命令，有效缓解了医院内人手不够的问题。比亚迪将电动汽车的产业链延伸到轨道交通领域，历时5年研发了中运量跨座式单轨"云轨"，历时7年研发了小运量轨道交通"云巴"，实现了全自动无人驾驶运行，为缓解全球城市交通拥堵贡献了力量。

二、工作原理

人工智能的核心技术主要包含：深度学习、计算机视觉、自然语言处理和数据挖掘等。

（一）深度学习

深度学习的流程是首先构建一个网络并且随机初始化所有连接的权重，其次将大量的数据情况输出到这个网络中，用网络处理这些动作并且进行学习，如果这个动作符合规范或者指定的动作，将会提高权重，如果不符合，将会降低权重。最后，系统通过以上过程进行权重调整，在成千上万次的学习之后，超过人类的表现。

（二）计算机视觉

计算机视觉是指计算机从图像中识别出物体、场景和活动的能力，计算机视觉可以运用由图像处理操作及其他技术所组成的序列来将图像分析任务分解为便于管理的小块任务。比如，一些技术能够从图像中检测到物体的边缘及纹理，分类技术可被用作确定识别到的特征是否能够代表系统已知的一类物体。

(三) 自然语言处理

自然语言处理(Nature Language Processing，NLP)是计算机科学领域与人工智能领域中的一个重要方向。自然语言处理技术作为一种涉及计算机科学和人类(自然)语言之间交互的技术，主要涵盖了从文本的预处理、词性标注、句法分析到句义分析等多个方面的内容，使用此技术可以更好地理解和处理自然语言，更加高效地与计算机进行交互。当前，自然语言处理技术已在诸多领域内得到广泛应用，如智能客服、机器翻译等。

(四) 数据挖掘

数据挖掘技术早在多年前就被提出，随着近几年人们对人工智能领域的关注度不断增加，数据挖掘也再次出现在人们的视野中，其工作原理是对数据库中大量数据进行抽取、转换、分析和其他模型化处理，再从中提取关键性数据。此项技术通常与计算机科学有关，通过统计、在线分析处理、情报检索、机器学习和模式识别等诸多方法来实现目标。

三、在旅游业中的应用

(一) 旅游信息流推送

人工智能通常将大量的数据作为"思考"和"决策"的基础，因此需要搜索算法抓取和分析互联网上所有的目的地旅游信息，并对其进行等级排名。人工智能可以对游客进行个性化分析，根据游客自身需求将最相关且适合游客的景点信息推送给游客。游客通过人工智能不仅能够快速查阅旅游资源，还可以及时获取最新旅游相关信息。

(二) 智能化办签

随着旅游业的不断发展，办理出境游签证成了人们跨国出行的最大困难，在这一过程中，人们可能会面对各国签证所需材料不一、程序烦琐不便、智能化程度低、办理进度慢等问题。将人工智能引入其中，则能够实现OCR识别、自助生成证件照、一键生成材料、在线填表和预审、实时进度追踪、材料复用等功能，依靠技术创新让签证办理变得更便捷化。对企业而言，人工智能的应用极大地提高了员工工作效率；对体验者而言，人工智能提升了旅游出行带来的幸福感。人工智能的广泛应用能够吸引大量的游客，刺激经济增长，带动旅游业的发展。

(三) 虚拟数字人

虚拟数字人是一个集合了技术、内容、运营于一体的全新领域。虚拟数字人能够替代真人完成许多真人完成不了的任务，例如虚拟数字人可在宇宙失重地区、高寒缺氧地区和不便长期居留地区开展工作，以及完成对真人有损伤性的汽车撞击防护实验、防核实验、防生化实验、防生物武器实验等。

2022年，中国国家博物馆推出虚拟数字人"艾雯雯"、青岛推出虚拟数字人"青岛小嫚"，以及飞猪"目的地虚拟代言人"首次亮相，以上案例都将虚拟数字人与旅游目的地结合了起来。虚拟数字人具有专属的二次元形象，以便吸引游客，并且虚拟数字人还可以通过AI技术回答游客的问题,在景点可随时进行知识科普,不仅能够为游客带来沉浸式体验,同时还提高了景区知名度。

(四)人形机器人

人形机器人又称仿生人,是一种旨在模仿人类外观和行为的机器人,尤其是那些具有和人类相似肌体的种类。例如,机器人站在门口,当顾客进入店内,会发出"欢迎您的光临"等可自定义输入的语音提示,从而赢得人们的关注。又或许当你在饭店吃饭时,机器人会根据输入的位置为你送餐到桌,极大地提高了效率。

第七节 区 块 链

一、技术简介

区块链技术是一种按照时间顺序将数据区块以一定顺序相连的方式,组合成的一种链式的数据结构,并且再以密码加密,从而保证不会被篡改、不可伪造的全局共享分布式账本。该账本可以在不同站点、不同地理位置或者多个机构组成的网络中分享。由于区块链自身具有数据储存、共识机制、加密等技术,它在很大程度上解决了在线旅游出现的问题。

二、工作原理

区块链的基本原理理解起来并不复杂,它包括三个基本概念。

(1)交易(Transaction):一次对账本的操作,导致账本状态的一次改变,如添加一条记录。

(2)区块(Block):记录一段时间内发生的所有交易和状态结果,是对当前账本状态的一次共识。

(3)链(Chain):由区块按照发生顺序串联而成,是整个账本状态变化的日志记录。

如果将区块链视为一个状态机,则每次交易就是在尝试改变一次状态,而每次共识生成的区块,就是参与者对于区块中交易导致状态改变的结果进行确认。

在实现上,首先需要假设存在一个分布式的数据记录账本,这个账本只允许添加,而并不允许删除。账本底层的基本结构是一个线性的链表,由一个个区块串联而成,当新的数据要加入,就必须放到一个新的区块中。而随后这个块(以及块里的交易)是否合法,可以通过计算哈希值的方式快速检验出来。

根据参与者的不同,区块链可以分为公有链、私有链和联盟链三种(见图6-6)。公有链,顾名思义,具有公开性,任何参与者都可以使用和维护,如比特币区块链,信息是完全公开的;私有链,统一由集中管理者进行管理限制,只允许内部少数人使用,信息并不会对外公开;联盟链则介于两者之间,由若干组织一起合作维护同一条区块链,区块链的使用必须是带有权限的限制访问,相关信息会得到保护,如供应链机构或银行联盟。

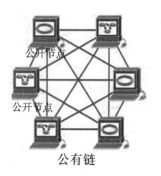  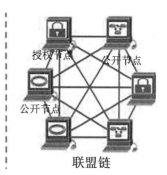

图 6-6 区块链分类示意图

对目前的市场而言,公有链更容易吸引市场和媒体的眼球,但更多的商业价值会在联盟链和私有链上落地。根据使用目的和场景的不同,区块链又可以分为以数字货币为目的的货币链、以记录产权为目的的产权链、以众筹为目的的众筹链等,也有不局限于特定应用场景的通用链。现有大部分区块链都至少包括了网络层、共识层、合约层和应用层等结构,联盟链往往还会引入一定的权限管理机制。

三、在旅游业中的应用

(一)跟踪行李

在当人们外出旅游时,难免会遇到行李错运或者破损等棘手的问题。长期以来,不论是航空公司,还是机场都希望可以迅速、准确采集行李处理过程中的详细信息,以及实现数据实时共享。但因为需要多方共同作业,不同机场的行李处理模式不同,行李系统集成商也不同,数据量狭小,导致行李的数据共享和全程跟踪难以推进。然而,区块链技术的产生对于跟踪行李的移动非常有价值,在许多情况下,客户的行李在旅途中需要进行多次转运,使用分散的数据库可以使共享跟踪数据更加容易。同时,优化行李跟踪服务流程也可以提升乘客服务体验,带来更好的服务效果。

(二)身份识别服务

身份识别服务对旅游业极为重要,区块链因其具有数据存储的功能而被广泛应用于旅游市场。区块链等相关技术可以使景区更规范、更方便、更人性化,除了传统的纸质门票,人们还可以通过二维码、身份证、指纹等方式进入景区。系统对游客的人脸进行拍照,通过人脸识别系统识别,以及读取人的指纹,和库内的个人信息进行对比,即可完成身份验证。这项技术可以大幅减少登机、乘车、入园时间,避免机场车站、景区排队,缓解了人流量大、耗费时间长带来的问题。

(三)旅游市场诚信体系建设

为提高旅游目的地的文明建设和文化建设水平、营造合理规范的旅游市场,云南丽江在2018年率先开展旅游企业诚信评价工作,制定相关评定标准,评价合格的涉旅企业会在"一部手机游云南"平台上有所显示,同时还会标明诚信评价分值。游客可根据分值选择商家提供服务,并且可实时对服务体验进行评价。这在一定程度上规范了旅游市场的经营环境,给游客带来了更好的服务体验。

（四）住宿业管理

区块链技术在住宿业管理方面的应用主要包括会员管理、支付管理、库存控制和收益管理等。2017年德国的旅游经营商国际旅游联盟集团将其全部合约移至企业私有区块链,从而对多种项目进行管理。2018年首旅集团成立了中国酒店行业首家区块链研究中心,旨在将前沿技术与酒店场景管理深度融合,推动住宿业区块链应用场景的落地。

第八节 元 宇 宙

一、技术简介

元宇宙是指人们在虚拟的现实世界中能通过控制数字化身,自由地在这个虚拟世界中进行交往、娱乐、消费等一切在现实世界能做到的事。目前,现有的互联网因受电脑屏幕这一无法避免的物理因素的影响,故而无法给人带来真实的交互体验,但发展到元宇宙阶段时,当人们带上智能设备,设备所创造的沉浸感能够完全使人处于虚拟世界状态。

元宇宙具备三个属性:一是具有时间和空间的时空性;二是包括虚拟人、自然人、机器人的人机性;三是基于区块链所产生的经济增值性。总之,元宇宙的建立与现实联系得十分密切,它是通过技术构建基于现实世界的虚拟世界,主要目的是打造出一种虚实共生的新型人类生活方式。但是元宇宙不等同于虚拟世界,也不是平行于现实世界的另一种存在形式,而是真实世界与虚拟世界交互融合的一种形态,是未来人类的生活环境的发展方向。

二、工作原理

元宇宙本身并不是一种技术,而是一个理念,它整合了不同的新技术,强调虚实相融,其实现路径主要包括以下几种方式。

（一）沉浸和叠加

优质的用户体验来自真实的沉浸感,而沉浸感基于优秀的3D效果。叠加式路径的代表是AR技术,它是在现有条件下叠加和外拓,比如可以给普通机器人加入外表设计、注入情感,令其成为仿真机器人。

（二）激进和渐进

通往元宇宙的路径,一直有激进和渐进两种方式。比如Roblox就是激进路径的代表,它从一开始就不提供游戏,只提供开发平台和社区,以创作激励机制吸引用户,实现完全由用户打造的去中心化世界。这意味着任何人都可以进入这个空间进行编辑,创作剧本或设置游戏关卡等。

（三）开放和封闭

元宇宙的实现路径存在开放和封闭两种关系。这种关系在手机市场上体现得较为明

显,比如 iOS 系统就是一个封闭的系统,软硬件都是封闭的。

三、在旅游业中的应用

(一)场景再现

2022年全球首个景区元宇宙平台"张家界星球"测试版在湖南张家界正式发布,作为首个运用 XR 融合互动技术的平台,通过数字孪生技术构建景区虚拟世界,将张家界景区真实还原,并且给游客带来沉浸式的视觉震撼体验。除了场景再现,游客也可以通过平台进行社交、娱乐、消费等活动。

(二)元宇宙数字化博物馆

博物馆是保护人类文明历史遗迹的载体,见证了人类文明的历史变迁。近年来,随着"文化热"的逐步兴起,博物馆旅游已成为文化旅游的新热点。为了能够更好地服务游客,给予游客更好的服务体验,博物馆采用互联网等技术开通了线上门票预约等功能,节省游客线下买票的时间,同时也推出了博物馆官网、微信公众号等众多互联网交互媒体平台。

元宇宙因其具有虚实结合的特点,为博物馆提供了数字孪生空间构建和数字藏品发行的基础。博物馆可通过3D激光扫描和视频动态成像技术构建室内的动态数字孪生,与静态空间建模相比,动态数字孪生可为游客呈现全天候、实时在线的真实动态3D图像,游客还可以通过佩戴3D眼镜、头戴显示设备等,以第一人称视角参观博物馆。

(三)数字化景区虚拟人物

传统景区的虚拟人物一般是基于当地特色,通过动画设计出2D或3D人物形象,随后采用视频制作和剪辑技术,使虚拟人物可在景区真实场景下进行动态表演,以配合景区运营活动为主。但在元宇宙的兴起后,虚拟人物不再局限于景区内的营销,而是具备更宽泛的生存空间,人们可在元宇宙的多维数字空间内寻找虚拟人物并与其进行互动,同时因为虚拟人物采用3D渲染技术,更加贴近人性的人物性格塑造,给游客一种现实生活中的真实、真切之感。

第九节 NFT

一、技术简介

NFT,全称为 Non-Fungible Token,是指非同质化通证,实质是区块链网络里具有唯一性特点的可信数字权益凭证,是一种可在区块链上记录和处理多维、复杂属性的数据对象。

数字资产可以划分为同质化资产和非同质化资产,同质化资产具有可替代性和固定性,在交易过程中往往只关注其数量,而不会关注本身的特性。而非同质化资产则恰恰相反,其关注重点是唯一性、独立性和稀缺性,非同质化意味着每个 NFT 均是独一无二的,不同 NFT 之间交换的价值基础也由交易各方来判断决定。

就NFT的特征而言,与传统的同质化数字货币相比,它具有稀缺性、唯一性、可流动性、不可篡改性、标准化、互操作性、可交易性。NFT特征如图6-7所示。

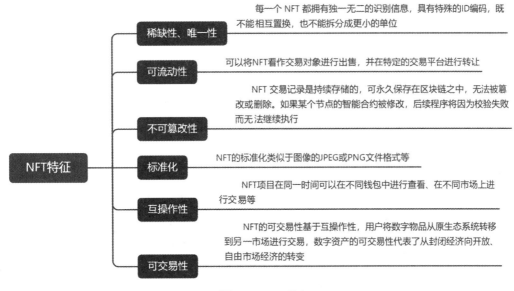

图6-7　NFT特征

二、工作原理

NFT技术实现的第一步是需要获取物质唯一的ID;第二步是要对所提取的ID进行通证化,目前公认的NFT都是基于区块链公有链的,需要选择一条区块链公有链,在所选的公有链上开发智能合约;第三步是展示与修改,所谓展示,就是对NFT的数据进行读取再展示。一般的流程如下:①根据当初设置NFT数据到链上时获得的ID去智能合约读取信息;②将获得的信息通过某介质应用恢复出原始的NFT数据。

三、在旅游业中的应用

(一) 数字藏品的发售

NFT数字藏品的发售是指在NFT平台上以出售、赠予等方式向公众提供数字藏品复制件的行为。目前,各大平台中的出售方式一般以固定价格、拍卖和多个藏品打包出售三种方式为主。首次在平台上出售NFT藏品的用户,需要缴纳一定数额的费用后才能发售,在交易成功后,还需向平台缴付相当于成交价格一定百分比的服务费。此外,在数字藏品市场中,存在收藏者之间相互买卖、流通藏品的二级市场。NFT数字藏品平台与用户关系如图6-8所示。

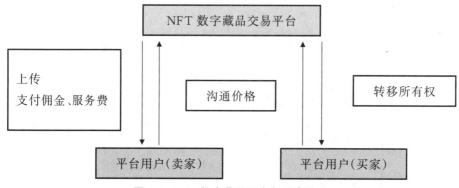

图 6-8　NFT 数字藏品平台与用户关系

（二）NFT 门票可用于保存和收藏

虽然传统的纸质门票慢慢退出了历史舞台，取而代之的是二维码或条形码，但是这样的电子化门票没有任何收藏价值。以前，很多人在旅游完或参加某个重要的活动后，都喜欢把门票收藏起来，很多门票的制作者也会精心设计，让门票更具艺术感或独特性。这些门票可能给人们带来美好的回忆甚至可以成为在别人面前"嘚瑟"的资本，比如世界杯比赛门票、卢浮宫门票等。传统的纸质门票不利于保存且易于伪造，NFT 门票却可以解决这些问题。NFT 门票还可以在未来的二级市场中交易，就像邮票交易一样。

（三）NFT 护照

在旅游行业，NFT 与生俱来的收集和存储信息的能力，使这项技术被应用到护照领域中。NFT 作为一种数字"契约"，包含所有相关信息，包括发行人、发行时间、出售时间、金额、转让时间、涉及的账户、存储地点等。所有这些信息都位于唯一的令牌地址，在区块链上，它被永久记录下来，不可再次更改，被授权的人都可以访问相应的信息，而这些信息在整个旅游过程中都很有用。2021 年 6 月欧洲的圣马力诺共和国发行了基于 NFT 的疫苗护照，该护照是 COVID 疫苗接种的数字绿色通行证，可提供旅游者健康凭证及入境要求和旅游限制等相关信息。

教学互动

传统旅游如今已很难跟上现代化发展的脚步，发展智慧旅游成为大多数景区的唯一出路，除在线购票、酒店预订、全景展示外，景区还能够借助哪些现有的技术手段发展智能旅游？

本章小结

本章介绍了与智慧旅游相关的技术,帮助学生灵活掌握各项技术的特点,从而使学生可以自主思考、预判在未来旅游市场中各项技术如何创新。

重点概念

智慧旅游相关技术的特点　工作原理　应用

章节测验

第七章

旅游大数据

本章概要

本章着眼于旅游大数据,首先介绍旅游大数据类型,其次分类讲解当下行业内不同大数据类型的研究与应用,最后又分别介绍了旅游大数据产品的四种应用形态并举例说明。本章的学习能够为学生了解旅游大数据当下发展情况提供全局视角,同时也为后续课程的学习打下基础。

学习目标

◁ 知识目标 ▷

(1)了解其他数据的概念及相关研究应用。
(2)熟悉事务数据的概念及相关研究应用。
(3)掌握UGC数据、基于设备产生的数据的概念和相关研究应用,以及旅游大数据产品应用形态(指数、展厅、云服务、解决方案)。

◁ 能力目标 ▷

(1)对于大数据在旅游行业中的应用有系统认识。
(2)了解不同种类数据的优势和弊端。

◁ 素养目标 ▷

(1)学生可以通过学习大数据技术相关知识拥有对数据清洗、挖掘以及预判分析的能力,提高数据敏感性。
(2)学生可以从理论到实践,清晰地了解旅游大数据产品的实际应用形态,从侧面展现我国科技自立自强的成果转化。

第七章

旅游大数据

知识导图

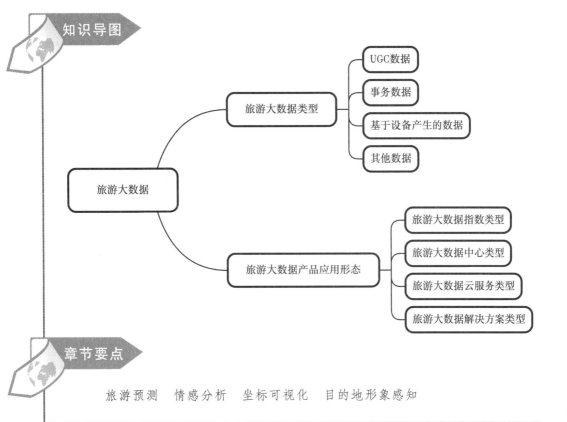

章节要点

旅游预测　情感分析　坐标可视化　目的地形象感知

案例导入

全国旅游市场景气监测与政策仿真平台

由中国旅游研究院(文化和旅游部数据中心)建立的全国旅游市场景气监测与政策仿真平台,实现了全国广义文旅资源和产业"一张图",构建了全国年份最全的旅游年鉴数据库,基于大数据挖掘填补了乡村游、都市游、自驾游、周末游、周边游、假日游等专项市场统计监测空白,拓展了旅游服务质量监测体系,丰富了旅游景气、旅游产品价格、旅游企业家信息指数等在内的旅游市场监测预警体系。

该平台成功入选文化和旅游部"2022年文化和旅游数字化创新实践十佳案例"。该系统运用了数据仓库及数据中台技术,建成了"1+7"数字应用体系,即1个数据中心,以及包含文旅资源、成本、服务质量、出境轨迹、专项市场、游客行为、旅游年鉴库在内的7个上层应用,涵盖了1978年以来供给侧和需求侧的多源异构数据,利用云计算、大数据、人工智能等技术,实现了130多个旅游指标的研发和数据挖掘。在用好各类旅游数据的基础上,进一步摸清全国旅游市场家底,掌握客流规模和客流行为特征,形成时空结合的多维度应用分析矩阵,为国家和各级地方政府进行旅游市场研判、行业决策提供了重要数据支撑。

导入分析

第一节 旅游大数据类型

一、UGC 数据

(一)旅游文本

1. 旅游文本数据简介

文本数据是指以文本形式呈现的网络评论数据、博客数据及舆情数据所组成的可以应用于旅游研究中的一种大数据类型。旅游文本数据能够传达出游客对旅游目的地的情感倾向,对旅游目的地研究具有重要的意义。

应用于旅游研究中的文本数据主要包括三类:评论数据、游记数据、舆情数据。评论数据是指旅游者表达对旅游产品态度的文本数据。在旅游研究当中,评论数据一直被用于游客满意度的研究,如探讨游客满意度的影响因素等。在众多的评论数据当中,酒店(民宿)、饭店和景区是游客评论的重点对象,因此,评论数据成为旅游研究的重点内容,对餐饮和旅游业发展和景区营销具有深刻的指导意义。游记数据主要记录了旅游者在旅行过程中所发生的故事和个人感受,对游记的研究主要集中于游客情感分析和旅游推荐。而舆情数据,则主要以目的地相关的新闻事件、网络热点和发酵所产生的社会观点为主要表现形式。

旅游UGC文本数据的来源多种多样,包括针对旅游产品发布评论的OTA平台,如Tripadvisor、Expedia、缤客、携程、去哪儿等;也包括应用广泛的各大社交媒体平台,如Facebook、Twitter、新浪微博等;此外,还有一些流量巨大的非文本类社交媒体,如抖音、快手、小红书等,都可作为旅游UGC文本数据的来源。

2. 旅游文本数据的研究与应用

旅游UGC文本数据的研究主要用于游客满意度研究、口碑及声誉研究、旅游舆情研究、游客情感及行为意向研究几个方面。

(1)游客满意度研究。

游客满意度是指游客将对旅游目的地的期望与在旅游目的地游览后的体验结果进行比较,所产生的一种心理状态。研究游客满意度的目的在于提高服务质量、提升旅游体验。研究人员针对满意度的研究主要基于UGC评论数据,且侧重游客满意度属性(Attributes)以及游客满意度与其他相关因素的关系两个方面。

(2)口碑及声誉研究。

口碑及声誉研究是UGC文本数据研究的重要内容,主要研究对象是游客,这类研究能够为行业管理和营销提供重要的指导意见。

(3)旅游舆情研究。

随着在线旅游行业的发展,旅游舆情对旅游从业者和游客的引导趋势越来越明显,针对旅游舆情的在线文本数据研究成为学者们的研究重点。不同于口碑和声誉研究,针对舆情数据的研究通常聚焦于一定时间周期内产生的新闻、舆论观点及网友的讨论等。

(4)游客情感及行为意向研究。

对游客行为意向的研究主要包括游客情感分析和旅游推荐意愿两方面。

在游客情感分析方面,Philander K.等人[1]在研究中使用情绪分析技术对Twitter数据进行分析,建立低成本、实时的酒店顾客态度或知觉测量模型,以指导酒店经营和营销研究。此项研究以拉斯维加斯综合度假区为例,为属于该市的每个Twitter账户创建一个情感指数并进行分析。研究结果表明,度假区经营者可以利用Twitter情感分析来建构一套有效且合理可靠的衡量标准,以了解公众的意见。

在旅游推荐意愿方面,Yuan H.等人[2]提出了一个研究框架,这个框架能够帮助人们从大量的旅游博客中总结出先前未知的城市的旅游信息,如热门旅游地点以及它们的旅游路线,目的是为用户提供更好的旅游安排。他们提出了一种基于最大可信度的网络旅行路线检测方法,并将此方法应用于一家中国在线旅游服务公司运营的博客网站的数据中。结果表明,该方法能够有效地从海量数据中挖掘出流行的旅游信息,为旅游者做出合理的旅游推荐和旅游安排。

3. 旅游文本数据分析方法

为了抽取并使用在线文本数据中隐含的有用信息,在旅游研究领域,各种文本挖掘技术广泛使用。它们主要分为两个典型步骤:数据收集和数据挖掘(主要包括数据预处理和文本分析)。

数据预处理是数据挖掘前的数据准备工作。一方面,预处理有利于保证数据挖掘的正确性和准确性;另一方面,通过预处理对数据格式和内容的调整,数据会更符合挖掘的需要。其目的在于把一些与数据分析、挖掘无关的项清除掉,从而给挖掘算法提供高质量的数据。文本分析旨在探寻文本中有用的信息。在旅游研究领域,当前典型的文本处理技术有潜在

---

[1] Philander K, Zhong Y Y. Twitter sentiment analysis: Capturing sentiment from integrated resort tweets[J]. International Journal of Hospitality Management, 2016, 55.

[2] Yuan H, Xu H, Qian Y, et al. Make your travel smarter: Summarizing urban tourism information from massive blog data[J]. International Journal of Information Management, 2016, 36(6).

狄利克雷分布(Latent Dirichlet Allocation)、文本矢量化(Word2vec)、情感分析(Sentiment Analysis)、词频分析(Word Frequency Analysis)、分类和聚类分析(Categorization and Clustering Analysis)、文本摘要(Text Summarization)。

通过以上这些方法分析后,其结果可以进一步为旅游研究服务。这些知识涵盖了游客满意度(或者驱动因素)、酒店偏好、旅游区、旅游路线、评论特征等,能够为旅游管理提供非常有益的帮助。

(二)旅游图片

1.旅游图片数据简介

旅游图片能够记录游客的经历并影响游客的行为,对于旅游研究意义重大。旅游研究者通过游客拍摄到的图片可以更准确地了解到游客的真实行为及其旅游感受。但早期的旅游图片数据不多,且研究方法有限,因而在这一方面的研究不多。随着以用户生成内容为主要特征的Web2.0的发展,越来越多的游客热衷于在旅行结束后,通过微信、微博、小红书等社交平台分享自己的旅行照片及游览历程。香港理工大学Iris Sheungting Lo等的研究表明,89%的游客会在旅行时拍摄照片,其中41%的游客会将自己的旅行照片上传到社交网站。如此一来,社交媒体网站上便汇集了大量关于游客的信息,如若将这些图片数据收集起来,将会为旅游营销和管理等提供有益的参考。

社交网站(Social Network Sites,SNSs;也称Social Network Service,SNS,社会性网络服务),被定义为一种基于网络的服务,它允许个体在有边界的系统中创建公开或半公开的个人主页,与其他用户建立联系,共享链接,浏览和转发原创内容及系统中其他用户制作的链接。社交网站主要可以分为两大类:一类是综合型社交网站,如Facebook、Twitter、新浪微博等;另一类是专业型社交网站,即垂直型社交网站,如Airbnb、美团、大众点评等。此外,基于图片分享的社交网站有Flickr等。

2.旅游图片研究与应用

随着旅游产业迅速发展,拍照逐渐成为旅游者基本的旅游活动之一,图片逐渐成为旅游研究领域非常重要的媒介,基于图片的目的地形象和游客行为研究也逐渐成为当前研究的热点。下面,将从图片内容和图片数字足迹两个方面介绍基于旅游图片的研究。

(1)基于图片内容的旅游研究。

基于图片内容的旅游研究由来已久,现有的图片研究大多数基于图片内容进行分析与总结。此类研究可大致分为四个层面:游客对目的地形象的感知、目的地图片中的地标识别、目的地图片人物摄影行为的研究,以及图片内容的氛围研究。

(2)基于图片数字足迹的旅游研究。

通过图片数字足迹信息——GPS坐标的可视化,研究人员便可分析目的地在游客分布、POI分布等方面的特征,这对于旅游研究具有重要的价值,也是旅游目的地人流时空分析的基础。

综上所述,社交图片已成为近年来研究游客行为和目的地感知的重要载体。目前基于社交图片的旅游研究主要集中在以下几个方面:第一,通过社交图片判断游客分布、分析目的地客流变化、探索旅游目的地热点(POI);第二,通过社交图片所携带的数字足迹分析游客旅游轨迹及行为;第三,通过分析游客发布于社交媒体上的图片,对比游客所感知的目的地形象与旅游目的地营销组织(DMO)投射的形象之间的差异等,以及由此衍生出对于目的地在线形象的探讨。

3. 旅游图片数据分析方法

针对旅游目的地形象的图片研究方法多样,但目前大多采用内容分析(Content Analysis)和符号分析(Semiotic Analysis)两种方法,这两种方法都是通过人工分析的方式对图片内容元素进行解构。然而随着互联网的发展,大量图片的涌现使得人工分析的方式显得力不从心,技术的更迭使机器自动分析法逐渐成为时代的宠儿。

内容分析是一种对于传播内容进行客观、系统和量化描述的研究方法,旨在通过表征有意义的词句推断出准确的含义,是对研究对象的一种非介入性研究。研究通常运用统计学方法对类目进行计量,分析结果采用图表的形式呈现。在旅游目的地形象研究中,对于照片的处理大多采用人工识别方式进行照片的分类及编码,多见于对图片显性内容进行分析,将图片中的主体事物依照一定规则和维度进行分类。

符号分析原是符号学的一种分析方法,是将现实事物进行符号化并解析其背后意义的过程。在旅游图片研究中,我们先将旅游图片看作现实旅游元素符号化的结果,再将其背后携带的数据看作一种符号,因此,符号分析主要是根据旅游图片的数字足迹进行分析,侧重于图片隐性内容的获取。从国内外研究成果来看,基于图片GPS的数据可分析出游客的时空特征、行为特征、旅游目的地POI的识别和分布情况等,可为目的地营销、交通规划以及区域旅游管理等提供参考。与传统研究方法相比,旅游数字足迹作为分析工具具有客观性、时效性、成本低等特点,随着旅游行为的不断大众化和网络化,利用旅游数字足迹进行旅游空间行为研究对于旅游研究和实践创新将具有重要意义。

传统的图像分类算法在性能、效率、智能等方面都很难满足图像大数据的要求。近年来,图像对象分类的深度学习方法研究受到广泛关注,并出现了很多高识别率的算法。其中主要的方法都是基于机器学习中的深度学习算法,特别是使用卷积神经网络(Convolutional Neural Network, CNN)对图片进行识别分析。

(三) 旅游视频

1. 旅游视频数据简介

随着移动互联网时代的发展,视频也逐渐成为旅游研究中一种重要的数据类型。作为一种动态视觉材料,视频比图片和文本的信息丰富度更高,可以通过丰富的叙事情节讲述故事,更具沉浸感,因而吸引着越来越多的游客通过旅游视频了解目的地,并做出相应旅游决策,视频已成为潜在游客获取旅游目的地信息、目的地建构旅游形象的主要渠道。

目前,旅游视频的研究主要以旅游宣传片、旅游广告、电影、微电影,以及视频类网站或App中的视频为数据源,其中,UGC视频多分布在YouTube、抖音等视频分享平台。中国互联网络信息中心发布的第50次《中国互联网络发展状况统计报告》显示,截至2022年6月,中国短视频用户规模已经达到10.51亿。相对于传统媒体背景下的视频制作、传播,短视频

具有碎片化传播、社交化属性、视频生产者与用户之间界限模糊等特点,适应了当今受众移动化的媒介阅读习惯。在旅游领域,越来越多的游客通过拍摄和发布短视频,在这些平台上记录、分享自己在旅行中的所见所闻,从而形成广泛的数据资源,这对于旅游管理、服务和营销都将提供有益参考和实践指导。

2. 旅游视频研究与应用

当前,基于旅游视频的相关研究多集中在官方发布的旅游宣传片或旅游广告,部分聚焦旅游电影或微电影,而将抖音、YouTube等视频类网站作为数据来源开展研究的尚且较少,对旅游视频UGC数据的研究仍处于起步阶段。在视频分析方法方面,目前旅游领域对视频的分析主要还是采用传统的问卷调查、实验设计、访谈等定性方法,少数学者开始尝试借助Riva FLV Encoder、Movie Maker等视频编辑软件抓取视频画面,并对画面的图像表征进行人工归纳分析,以揭示目的地形象。整体来看,目前旅游领域对视频素材的研究还比较初级,研究方法较为传统,研究样本量较小,越来越难以全面刻画和表征大数据时代背景下目的地的整体旅游形象,因此借鉴其他学科先进的研究方法和技术手段越来越有必要。

现有部分学者选取YouTube视频作为研究素材,以其中YouTube上国际个人用户发布的旅游视频作为UGC视频样本。例如,以北京市旅游局官方账号"Visit Beijing"下发布视频为OGC视频样本,以"travel"和"visit Beijing"作为关键词搜索并进行数据清洗后,得到100个DMO视频和100个UGC视频。研究人员首先基于计算机领域的深度学习方法对UGC和OGC视频展开研究解析,得到机器识别的北京旅游形象维度,又通过已有目的地形象分类对其进行修正,形成北京旅游形象维度。其次采用内容分析、视频内容分析、视频标注等数据分析方法,研究比较了文本及视频素材在投射北京旅游形象方面的差异。最后基于以上分析,对UGC和OGC视频在目的地投射形象及场景设计两方面进行对比研究。

此研究是旅游视频分析领域首个具有大数据特征的研究,尝试利用机器标注等自动化手段对数以百计的目的地视频进行帧级的内容分析和场景分析,将旅游领域视频分析的数量从人工编码的几个、十几个提升至机器分析的几百个,也为未来分析成千上万个旅游视频、从更大数据尺度分析社交视频数据、形成依托大数据的视频分析范式奠定了基础,是旅游营销可视化素材挖掘领域的一次方法和研究范式的跃升。

二、事务数据

(一)搜索数据

1. 搜索数据简介

搜索数据是旅游大数据的重要来源。游客通过各种搜索引擎来搜寻所需的旅游信息,于是便在他们所浏览的网页上留下了搜索记录,经过一定的处理后,这些搜索记录便可以成为有利用价值的搜索大数据。搜索大数据可以直接反映人们在旅游领域的关注点,因此有助于我们更加直观地了解整个旅游市场。谷歌、百度和必应是目前常见的几大信息搜索工具,是搜索数据的主要来源。

2. 搜索数据研究与应用

目前的研究显示,搜索数据在旅游研究中一直扮演着重要的角色,尤其是在抓取游客网络行为特征及辅助企业进行营销相关决策等方面发挥着重要作用。

基于搜索数据的研究中,最热门的研究领域是旅游预测(Tourism Prediction)。旅游产业在国民经济中发挥着重要的作用,不论是对企业还是对相关管理部门来说,旅游预测结果都有着重要的参考价值。此外,搜索引擎营销已被证明是一条极具前景的线上旅游营销道路。搜索引擎营销法是指帮助企业通过有偿或无偿的手段获取搜索引擎结果页面和获知搜索数据的方法。将搜索数据与旅游营销结合起来的研究也是旅游学界的重点研究方向之一,但是目前国内基于搜索数据对旅游营销进行研究的论文较少。目前,国内对于旅游营销的研究主要集中在营销创新、营销变革和精准营销三个方面。

(1)在旅游预测领域的研究。

目前,基于搜索数据的旅游预测研究尚处在一个较早的阶段,其起点仅可追溯至2011年(第一篇相关论文的发表时间)。其研究对象分为游客数量预测、旅游收入预测、旅游人才市场的需求预测、旅游生态影响预测等,涉及众多领域,但其中最为普遍的研究对象便是游客数量预测,也即旅游需求预测。科学的旅游需求预测是旅游学界一直以来关注的焦点问题。然而,由于中国旅业发展起步较晚,可供分析的历史数据不充足,同时导致旅游需求变化的因素复杂多样,旅游需求预测一直是一个难题。近年来,随着大数据时代的到来,旅游预测研究又迎来了新的思路。

现阶段旅游需求预测研究的重点内容,一是如何为复杂的非线性旅游需求变化建模与设计分析方法,二是如何利用互联网数据尤其是网络搜索数据更好地帮助预测。李纯等人在2016年发表的《基于网络搜索指数的游客人数预测研究——以新疆阿勒泰冰雪旅游为例》一文中,避开不考虑趋势变化内在原因的时间序列分析方法而选择了计量模型作为分析方法,选取了新疆阿勒泰地区旅游人数变化的多种影响因子(如旅游质量、旅游价格、收入等),运用网络搜索指数合成方法对当地2013年第四季度的旅游需求进行了精度较高的预测。

(2)在旅游需求领域的研究。

目前,对于旅游需求预测的研究方法主要有三类。第一类是经济计量技术,如利用影响旅游需求变量的自变量因子建立数学模型进行分析预测。第二类是时间序列模型,通过分析旅游需求变量的历史数据,寻求其中的规律,而后通过数学方法拟合其未来趋势来完成预测。第三类是人工智能理论,包括遗传算法、灰色理论、人工神经网络、支持向量回归等,灰色理论不是直接寻找数据的统计规律和概率分布,而是在处理原始数据使其成为有规律的时间序列数据的基础上建立数学模型。

(3)其他领域的研究。

在游客行为研究领域,游客在某个目的地的时空分布为目前旅游学界最主要的研究对象。研究游客的时空分布特征既可以丰富旅游信息流的研究,也可以为网络市场营销和旅游市场开发的各种决策提供有效的参考。在旅游需求研究备受关注的同时,旅游搜索数据与旅游财政收入、旅游环境承载力等领域的结合却被忽视了。此外,由于搜索数据能够使人们更好地理解游客对旅游产品的关注点,未来搜索数据在旅游产品设计、旅游应急预防措施等领域的应用也是值得研究的方向。

3. 搜索数据分析方法

关键词选取(Keywords Selection)与预测因子采集(predictors Acquisition)是分析旅游搜索大数据的两大主要步骤,这是将大数据应用于旅游预测前的基础工程。

(1)关键词选取。

首先需要仔细选取关键词,要求凭借这些关键词可以从搜索引擎中获取适需的搜索数据 $X_{1,t}, X_{2,t}, \cdots, X_{k,t}$。其中,$X_{i,t}$ 表示第 t 次选取的关键词中的第 i 项,而 k 则是关键词的总数。关键词选取是利用搜索数据进行旅游研究的核心步骤,其结果高度依赖选取的方法。相关研究表明,在旅游研究领域中,得到广泛运用的方法主要有三种:经验选取法、局部选取法和技术选取法。

①经验选取法。

经验法仅仅基于研究者的知识背景和经验来决定选取哪些关键词,因此,经验选取法是最简单的,在旅游研究中被广泛运用于检索搜索数据。虽然经验选取法简单易用,但它毕竟有着主观性较强的劣势,很容易将重要的关键词忽视,甚至选取到不正确的关键词。

②局部选取法。

局部选取法是经验选取法的拓展延伸,首先用经验选取法决定选用哪些基本关键词,而后再加入与基本关键词和搜索引擎的关键词推荐功能所提供的关键词等相关的其他关键词。显然,局部选取法获取的数据的全面程度远远超过经验选取法,不过由于所选的关键词范围较广,局部法很容易遇到大量的干扰甚至会选到不相干的关键词。

③技术选取法。

技术选取法基于预测能力,依据预测变量同关键词的相关度,从一个可选范围中选取关键词。事实上,局部选取法与技术选取法各有优势,若结合起来,则可成为一个相对系统且完善的选取关键词的方法。局部选取法能够获取较为全面的众多关键词,提供充足的"粗加工产品";而技术选取法则能够从中选出最具预测性的关键词,从而更精准地获得搜索数据。

(2)预测因子采集。

预测因子采集,就是将第一步中用所选的关键词获得的搜索数据采集到预测系统中进行未来趋势的预测的过程。其中,因子就是所获的搜索数据。大多数旅游预测研究采用的是原始数据 $X_{1,t}, X_{2,t}, \cdots, X_{k,t}$,直接把它们当作预测因子放入预测模型。但是,最近的一些研究开始偏好于应用索引构造,将一系列的原始数据组合到一个或者多个混合索引中,这样,$i_t = f(X_{1,t}, X_{2,t}, \cdots, X_{k,t})$。

(二) 订单数据

1. 订单数据简介

订单数据指的是网络预订所产生的订单数据,游客们在网上预订或直接购买食宿、景点门票等服务或产品后,会产生相应的订单数据,被服务或产品供应方所记录保存下来。OTA、酒店、航空公司等都能提供在线预订服务,相应地就能够获取并分析用户的订单数据。

订单数据的获取渠道主要掌握在各个提供订单的企业手中。网上预订业务的提供方大致可以分为以下两类。

一是专营预订业务的网络平台。国外有提供机票、酒店和出租车等预订服务的缤客，国内有携程、途牛等知名的OTA平台，淘宝、美团等综合生活类服务和产品预订平台以及餐饮业的外卖配送平台等。

二是各类企业、景区等的线上销售渠道或官方网站。如家酒店的线上预订平台、故宫博物院的门票预售系统、国家大剧院官网等都属于此类，著名的酒店管理企业万豪集团也有自己的线上预订体系。

2. 订单数据研究与应用

目前学界对订单数据的研究数量尚少，但已经涉及与旅游相关的多个行业，例如航空业、酒店业等，这些研究成果表明订单数据的分析利用对于行业发展有着巨大的推动作用。这种积极作用主要体现在管理效率的提高和由此带来的生产和销售效率、质量的提高。订单数据主要被应用于预测、用户画像分析、产品偏好分析等领域。冯霞等针对目前航空公司旅客细分工作不够精细的问题，提出一种TCSDG模型来描述旅客行为偏好并对之进行细分，将具有相同行为偏好的旅客聚在一起，便于航空公司针对不同行为偏好的旅客提供个性化服务。邵梦汝通过客票数据分析，按照铁路购票行为，将客户群体分为五种，分析了每类客户群体的特点，据此对铁路部门的票务管理提出建议。张梦等基于携程网络酒店在线预订数据，研究了在线信息（包括顾客评论信息、酒店特征信息等）对用户对不同级别酒店的网上预订行为的影响。以上研究领域所关注的是根据历史订单数据的分析结果优化决策策略以提升企业效益，而事实上除了解决提高效益的问题，有时还需关注如何减少和填补收益漏洞的问题。以航空公司为例，一些代理人或不法分子为了获取利益，通过某些技术手段非法抢占座位，在给旅客带来购票困扰的同时给航空公司造成巨大的收益漏洞，因而航空公司现阶段急需解决的问题之一便是如何利用合适的数据挖掘手段高效地挖掘并及时清理可疑订单。付丽洋[①]通过分析订单数据，提出一种基于信息增益与序列前向浮动搜索（Sequential Forward Floating Search, SFFS）的混合特征选择算法、基于代价-复杂度剪枝（Cost-Complexity Pruning, CCP）算法的可疑订单识别模型构建方法，建立了有着较高的可疑订单识别率的单决策树识别模型及其规则集，为航空公司减少收益损失提供了有效帮助。

三、基于设备产生的数据

基于设备产生的数据即设备本身对旅游者位置移动监测所产生的数据，例如运营商数据。

（一）运营商数据简介

运营商数据更多是指通过运营商的网络获取移动终端用户的位置信息（经纬度坐标），该服务又称移动位置服务。例如，中国移动动感地带提供的动感位置查询服务等。移动漫

---

① 付丽洋.面向航空收益提升的可疑订单识别模型研究[D].天津：中国民航大学，2018.

游数据通过无线电波采集,由基站发送和接收,并自动存储在移动网络运营商的内存或日志文件中。在实际应用中,该数据表现出定位精度差、覆盖范围广、定位不连续、获取受限制的特点。

(二) 运营商数据研究与应用

1. 基于位置信息的服务

利用基站,通过智能手机终端,用户可以很方便地进行旅游信息查询,随时随地查询到关于旅游目的地的最佳游览线路、景区介绍、住宿、餐饮、交通等相关信息。特别是随着人们生活节奏的加快、工作压力的加大,越来越多的用户向往一场说走就走的旅行,旅游的随意性和无计划性增强,欣赏旅游景点、预订住宿、寻找美食的需求随时发生。通过基站,用户不用担心无计划旅游的不方便性,只要打开手机、平板电脑等智能移动终端就可以查询到自己所在位置周边的相关住宿信息(住宿条件、住宿费用、服务质量及客户评价等),以及交通信息和餐饮信息,等等。

2. 宏观旅游监测

漫游服务允许在非注册地点使用手机时追踪游客所在的地点,所以在当旅行者不可避免地倾向于在其他地方甚至国外使用手机时,即可记录其从惯常环境离开到旅游目的地的活动。也就是说,针对大部分手机使用者,通过检测其在家的时间及其发生在住宅地的手机使用行为,便可以得到一个具体用户的住宅地定位。

3. 景区导览服务

在传统的旅游过程中,用户通过导游讲解了解景区的背景资料、人文典故等。随着旅游业的信息化和用户需求的个性化,传统的导游服务已经不能全面提供高满意度的导览体验。而基于基站的景区导览服务却能很好地弥补这一点。通过定位,游客可以获取所在目的地周边的景区,并可直接获取关于景区的文字、图片及视频介绍。基于基站的景区导览服务,可通过多种渠道传递给用户丰富的景区信息,让用户享受专属的导览服务。此外,用户还可以随时获取所在地的天气、交通等各种信息,从而方便其随时调整出行计划,避免受到交通拥堵、天气情况的影响。

4. 位置跟踪服务

位置追踪服务是基站的重要应用之一,通过这一服务研究分析用户的游览轨迹及习惯,景区可以进一步优化服务管理。通过定位用户的位置,利用大数据技术分析挖掘用户的历史游览轨迹数据,分析旅游景区在不同时间段的客流量变化,景区可以推断出用户感兴趣的程度以及客流量高峰时段,进而完善景区管理。通过位置追踪服务,景区能够掌握用户的游览轨迹和行为特征,满足用户个性化、智能化旅游服务的需求,提升用户游览体验。此外,使用基站位置追踪服务的用户将会在应用上留下行为数据,这些数据将是分析用户生活轨迹、行为轨迹的重要依据,能够为大数据建模提供重要参数。通过多用户的行为轨迹,我们可以得出城市交通拥堵情况、人流动向等信息。数据管理、预测等大数据分析手段,可以使商业管理更加合理有效。

5.应急救援服务

用户安全管理是景区用户管理的重要内容。移动位置服务具有播报准确、实时的特点,并且具有一定的扩展能力,因此在景区应急救援与安全管理中具有极大的应用价值。通过基站实现对用户位置随时随地的记录,保持景区、用户、救援人员畅通无阻的联系。一旦用户遭遇危险,移动通信网络会在将用户的紧急呼叫发送到救援中心的同时,将该用户的具体位置一并传送给救援中心,救援中心就能迅速调配就近的救援团队实施救援,这就大大提高了救援的及时性和成功率。除此之外,用户还可以在游览过程中随时接收安全预警信息,优化游览路线,及时调整游览计划,避免不必要的风险,保证游览安全,优化旅行体验。

四、其他数据

其他数据是指除UGC数据、事务数据、基于设备产生的数据外,可以被旅游活动利用的任何数据,例如银联数据。

(一)银联数据简介

银联数据是金融数据中的一种,2019年10月,银联商务大数据旅游消费监测中心正式发布《2019国庆旅游消费大数据报告》,报告对国庆假期中国旅游消费特点进行解读,通过旅游消费市场总览、旅游消费人群特征、夜间旅游消费特点、文化旅游和红色旅游热点等指标,全面量化旅游消费与经济发展、城市化进程、居民生活之间的联系。相比其他数据,银联数据能更直观地展现出游客对于哪些活动可接受付费的程度较高。

(二)银联数据研究与应用

根据银联数据,我们能够精准定位游客、刻画消费者画像。通过定位游客、细化消费人群结构,我们可将消费人群分为不同细分市场并精准进行广告投放,使营销效益最大化。景区景点可根据信息以不同力度投放广告。分析景区景点热门活动,统计游客更愿意为哪些活动付费。将数据可视化,判断旅游发展趋势。根据《2019国庆旅游消费大数据报告》,未来旅游消费趋势将发生变革:休闲游、品质游趋势凸显,国庆旅游消费中高档酒店需求量上升;民宿消费份额提高,各地以全域旅游理念促进供给侧结构性改革,民宿、乡居、短租等共享住宿业态受到欢迎;特色餐饮受到追捧,餐饮消费逐年上升,美食成为游客选择旅游目的地的重要因素之一。目的地或景区景点,可以根据银联大数据改善景区景点设施,确定景区景点营销的重心。判断旅游发展趋势是与旅游相关活动机构开展工作的重中之重。

第二节 旅游大数据产品应用形态

一、旅游大数据指数类型

指数是国内外经济信息领域量化考核评估的新型数字工具,在旅游行业中,主要以旅游目的地为研究对象,根据当地资源量身打造指标体系,以量化、直观的方式展示目的地旅游产业现状,监测旅游产业发展动态趋势。旅游大数据主要来自国家各级政府或文化和旅游主管部门所定制的文化和旅游行业数据报告,以及利用互联网第三方数据整合而成的各级文化和旅游主管部门的外部数据验证、决策支撑、内部报告。这样的大数据产品定制化程度较高,且更具有辅助决策的属性。

知识活页　　大同旅游发展指数

二、旅游大数据中心类型

数据中心是全域旅游建设的数据基础,全面汇聚旅游企业、相关机构、从业人员、游客等旅游行业信息,以及食、住、行、游、购、娱等便民旅游服务资源信息,实现旅游有关领域、体系和各业态企业数据的集中统一采集、存储、处理,以及相互之间信息的互通互联和信息共享、查询,为上层应用系统进行分析和决策提供支撑。其硬件部分主要由IDC机房、展示大屏幕、高速网络组成,数据部分主要来自OTA、运营商、UGC口碑评论、交通定位、旅游主管部门等。这类数据一般由省级文化和旅游主管部门,以及各地市和部分景区自建的所属辖区范围内的文化和旅游大数据中心负责。

知识活页　　河北省文化和旅游云平台智慧旅游管理

三、旅游大数据云服务类型

软件运营服务(SaaS)指一种基于"云"的软件交付模式,具体而言,就是由云提供商开发和维护云应用软件,提供自动软件更新,并通过互联网以即用即付费的方式将软件提供给客户。通过此方式提供旅游大数据服务具有标准化程度高、价格相对便宜、数据更新周期较短等优点,但云服务是以多用户公用数据为基础的单一系统,因此存在数据相对单一、模板较为固定、缺乏目的地个性化数据需求的不足。

知识活页 阿勒泰地区旅游市场大数据智能监测及数字决策辅助平台

四、旅游大数据解决方案类型

旅游大数据解决方案是真正从数据中得到最终的价值服务。该种服务类型并不是所有企业均能提供的,需要企业对业务非常熟悉,并能定制化解决实际问题,且对方法、算法、处理能力要求较高,目前旅游行业主要在一些涉及大数据的方面应用解决方案,包括商业选址、人流预警、线路规划、资源保护等。

知识活页 北京环球影城排队时间精准控制

知识活页 　相关旅游大数据报告解读

 应用案例

文旅部财务司与百度合作通过旅游大数据测算全国旅游人次

百度于2014年正式宣布开放"大数据引擎",将包括开放云、数据工厂、百度大脑三大组件在内的核心大数据能力开放,通过大数据引擎向外界提供大数据存储、分析及挖掘的技术能力,并面向多个传统领域逐步开放。为了更好地通过大数据去真正了解我国旅游市场的发展情况,提高旅游统计工作的工作效率以及旅游统计数据的准确性和时效性,百度公司利用大数据资源进行深入分析,初步确定了旅游大数据统计监测的技术路径和测算方法,为今后的旅游统计工作的改革创新不断积累经验。

百度旅游人次的测算主要包括数据来源、测算框架和人次的扩样。数据主要通过位置大数据、地物大数据、人口大数据和出行大数据四方面来获取。在人口大数据方面,为了更精准地对各类的人员标签进行挖掘,百度公司自研了专利挖掘算法,通过定位频次、时段分布、画像属性、用地分类四个步骤来预测游客出行数据;在出行大数据方面,基于百度地图自有的POI空间分布和检索热度数据,以及高精度的定位数据,进一步识别游客出行目的,对重点关注的旅游吸引物附近的游客进行监测。

测算框架方面总体主要包括以下两个步骤:第一,识别基础出行人次,识别对象包含除通勤、通学外的全部出行,在基础出行人次中进一步筛选出旅游人次。第二,人次的扩样是指由基于采样设备测算的数量转化为基于人口的数量的过程。一方面需要考虑百度定位数据覆盖程度较低的低龄和高龄人群,另一方面还要考虑到一人多机的因素,因此需要确定一个合适的扩样系数并计算得出最终数据。

应用案例

海康威视景区视频智能分析与综合监测平台

海康威视是全方位扩充、创新"全球安防"的头部企业,在疫情暴发之后,海康威视结合多年来在文旅行业的积淀及智能软硬件产品方面的优势,用智能技术助力文旅行业,为实现景区、文化场所安全有序复工及开放迎客提供科技助力。

因旅游景区的周边区域环境复杂,安全和管理需求日益增多,海康威视景区视频智能分析与综合监测平台正是通过综合平台和系统建设来实现旅游景区的管理目标,有效整合人、车、物和信息资源,保障景区安全有序运营、提升景区服务能力。景区视频智能分析与综合监测平台共有11个功能页,分别是综合态势、智能研判、标签监测、异常清单、游客密度、承载压力、游客流量、研判流程、智慧停车、智慧厕所、安全巡检。平台通过接入景区内部摄像头,运用AI人脸识别、游客密度分析、承载压力分析等多种研判方式计算出如景区最大承载量、累计入园人次、景区承载压力指数、游客流量指数等多元数据,保证景区平稳运营。除此之外,当平台监测到游客扎堆聚集时,系统会将情况实时汇报给相关指挥人员,并通过广播进行提醒;当客流量达到预警值或即将达到预警值时,系统会自动预警,辅助管理方高效统计与精准控流。

目前,这个监测平台中的主要功能已在全国上千个文旅单位和行业主管部门成功应用,为助力精准控流、保护游客安全、营造文明有序的游览环境做出贡献。

教学互动

(1)选择一个景区,思考如何从大数据分析的角度去整合景区资源,提高景区影响力。
(2)"数据二十条"发布后将对打破数据壁垒做出哪些贡献?

本章小结

旅游大数据主要包括UGC数据、事务数据、基于设备产生的数据和其他数据四个方面。UGC数据是指用户原创内容,主要用来分析人的体验和感受;事务数据是指人与机器交互过程中产生的数据,在预测、游客画像、产品偏好等领域具有较高的研究与应用价值;基于设备产生的数据即设备本身对旅游者位置移动进行监测所产生的数据,对于信息的处理可以在旅游目的地偏好预测、客流量预估等方面提高管理的主动性;其他数据是指除上述方面外,可以被旅游活动利用的任何数据,除了本章中提到的银联数据,交通、气象、公安、新媒体数据等都是可被旅游活动利用的数据。

  旅游大数据应用形态包括旅游大数据指数类型、旅游大数据中心类型、旅游大数据云服务类型以及旅游大数据解决方案类型四种形式。旅游大数据指数类型主要为各级文旅主管部门服务,产品定制化程度高、辅助决策性强;旅游大数据中心类型是全域旅游建设的数据基础,对旅游相关的信息进行统一采集、存储、处理,但因大数据中心造价昂贵且功能偏向于管理应用,所以一般由省级文旅主管部门建设;旅游大数据云服务类型是一种基于"云"的软件交付模式,和旅游大数据中心类型相比具有价格优势,但其对于数据的分析固定,满足不了定制化的需求;旅游大数据解决方案类型是真正从数据中得到最终价值服务的类型,目前提供的服务主要包括商业选址、人流预警、线路规划、资源保护等。

重点概念

游客满意度研究 旅游舆情研究 旅游情感分析 旅游预测研究

章节测验

第八章

旅游电子商务

本章概要

旅游电子商务作为旅游产品与消费者的中间平台,借助现代化信息科学技术手段对旅游目的地进行营销与推广,整合旅游市场的全部资源,加强旅游资讯的传播。本章将通过介绍旅游电子商务的基本特点、运营模式,以及内容电商、社群电商等方面对中国旅游电子商务市场的现状与发展趋势进行分析,从而使学生能自主预测中国未来旅游电子商务产业的前景。

学习目标

◁ 知识目标 ▷

(1)了解旅游电子商务的基础概念。
(2)熟悉旅游电子商务在旅游业中的应用。
(3)掌握电子商务的特点,自主分析各类产品的所属类别。

◁ 能力目标 ▷

(1)能够根据旅游电子商务的基本内容,判断当前企业电子商务模式的发展前景。
(2)能够通过所学知识分析和理解不同电子商务模式的差异与优劣。

◁ 素养目标 ▷

(1)通过本章内容的学习,学生能够了解旅游电子商务基本模式,学习其相关特点,增强模式创新能力。
(2)借助旅游电子商务推动全域旅游的发展,提高旅游市场的质量,更好发挥旅游业的作用。

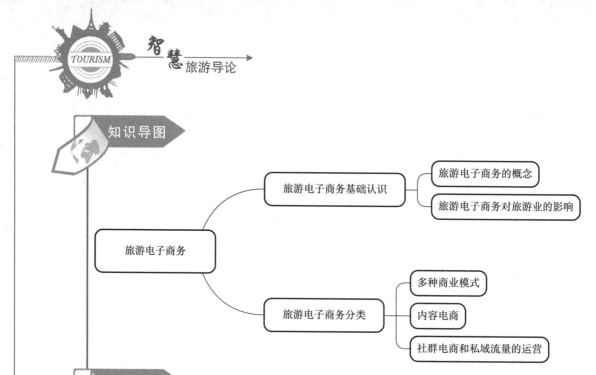

案例导入

借助抖音平台发展旅游业

抖音起初的业务范围主要围绕互联网信息服务、演出展开，在经变革后加入"旅游信息咨询"这一项目，旅游信息咨询业务是指旅游机构为具备旅游消费动机的人提供有关旅行、休闲、度假等一切活动相关的咨询服务。

在信息科技发展迅速的背景下，短小精悍的视频更加能博人眼球，吸引消费者，而抖音作为短视频的突出代表，正是借助此方法宣传"网红打卡地"，吸引游客前往。作为一种社会传播的媒介，短视频平台在旅游目的地的发展和消费者的旅游动机生成中都具有重要意义。对旅游目的地而言，开发旅游资源的同时也能够带动当地的经济发展；对游客而言，可以直观地选择适合自己需求的出行目的地。

短视频内容创作者主要分为两大类。一类是政府、景区等具有官方性质的组织，致力于推荐当地的旅游资源、升华目的地形象、吸引游客、提高当地经济水平、促进当地旅游产业发展。另一类创作者主要是游客，在一个旅游目的地结束旅行后，游客会通过网络平台分享亲身的旅游经历，其他游客在观看和分享短视频时会对陌生的旅游目的地产生初步印象与主观认知，这也为一个全新的旅游动机打下了基础。

当前旅游景区、企业以及旅游组织纷纷开通抖音官方账号。不过,旅游目的地的短视频能否得到高度关注受多重因素的影响。例如,各个旅游目的地因地理位置的不同,旅游资源的开发程度存在显著差异,受社会经济条件的影响,各旅游地的抖音用户数量、居民旅游消费意愿和能力等存在显著差异,进而影响旅游目的地抖音短视频的传播效果。

从长远发展角度来看,抖音短视频具备实时性、互动性等特点,这在信息化快速发展的时代下,仅用几分钟便能让人对于内容主题印象深刻,但不可避免的是,有些短视频内容并未具备良好的价值观引导,由此产生不好的效果,在一定程度上给抖音整个企业敲响了警钟。文化和旅游部曾指出要推动在线旅游高质量发展必须加强把控内容生产,保护旅游者的合法权益,营造良好的市场环境。通过本章内容的学习,你将了解到旅游业中的多种电子商务模式,从而对旅游电子商务有更深层次的了解。

第一节 旅游电子商务基础认识

一、旅游电子商务的概念

电子商务是指交易双方可通过不见面的方式,利用互联网进行各种商务活动的一种新的商业运营模式。世界旅游组织在 *E-Business for Tourism* 中指出,旅游电子商务就是利用先进的信息技术手段改进旅游机构内部和对外的连通性,即改进旅游企业之间、旅游企业与供应商之间、旅游企业与旅游者之间的交流与交易,改进企业内部流程,增进知识共享。在互联网技术的发展下,旅游业竞争激烈以及人们生活方式的转变促进了电子商务在旅游业中的应用,进而推动了旅游电子商务的产生和发展。电子商务在旅游业的应用有以下几方面。

(一)旅游产品的提供商

景区、景点是常见的旅游产品提供商。与发达国家相比,我国旅游景区、景点的电子商务程度还是较落后,但我国的旅游市场规模正在不断扩大,为电子商务发展提供了基础。

(二)旅游服务的媒介

旅游电子商务平台、旅行社以及地方旅游服务平台都是最常见的旅游电子服务中介。当前我国的旅游电子商务网站虽然建立时间较短,但因其发展极其迅速,早已成为信息时代下旅游交易的新模式。

当前旅游电子商务网站多数以介绍企业、景点和为游客规划旅游路线为主,缺乏互动性,趣味性较低,所以对游客的吸引程度低。在不久的将来,旅游电子商务网站定会充分利

用现代互联网强大的信息管理与传递的功能,开发潜在用户。

(三) 旅游产品的消费者

一个游客从最初的旅游目的地选择、旅游路线设计到实现旅行,再到完美结束旅行的整个过程所涉及的电子商务应用范围甚广,主要包括景点信息查询,预订机票、门票,预订酒店,景区导览功能等。

二、旅游电子商务对旅游业的影响

(一) 建立诚信消费环境

旅游电子商务企业作为一个联系内部与外部的平台,通过不断提高企业内部服务的质量和水平、积极探索个性化服务以满足众多消费者的各项需求。同时在激烈的旅游市场竞争中,以公开透明且合理的理念对商品、产品进行标价,完善与旅游业相关的法律体系和制度。在旅游电子商务发展过程中,企业会全面保障消费者的个人利益,为旅游者带来良好的旅游体验并为旅游电子商务发展创造优势。

(二) 整合旅游资源

旅游企业通过电子商务将企业内外的优质资源进行规划,整合出相关旅游线路的优选方案。根据消费者的个人需求,为旅游爱好者提供全方位的服务,带来优质的服务体验。

(三) 开展新型旅游业务

当前旅游电子商务的发展主要是以现代化的电子信息和网络通信技术为基石,运用互联网技术不断挖掘旅游资源、拓展业务范围。在移动客户端上,旅游消费者可以看到平台推送给自己的旅游信息及旅游产品,制定适合自己的旅游路线等,让人们实时掌控当前的旅游资讯,了解旅游状况,激发对旅游的热爱。

缤 客

缤客(Booking.com)秉承"游世界,更简单"的使命,致力于数字科技领域的研究,为消费者提供优质、便捷的预订和旅行体验。2022年,为加速国际差旅酒店产业建设,携程商旅宣布与缤客正式签署战略合作协议。携程商旅将通过缤客完成百万数量级别的海外酒店直连,并为商旅客户提供更具竞争力的价格和服务。

缤客认为,打造更环保、原生态的住宿条件,以及为游客提供自给自足的生活体验,比如让游客在入住期间自己获取食材并加工烹饪,让游客在返璞归真的旅行中享受生活,能满足城市居民追求简单生活的旅行需求。此外,为满足部分游客寻求独一无二的假期,感受震撼、惊喜和愉悦的愿景,以及来一次说走就走的旅行,缤客将多样交通与美妙的住宿体验无缝衔接,为数百万的游客带来令人难忘的经历,做到了真正地吸引顾客、满足顾客、发展顾客。

第二节　旅游电子商务分类

一、多种商业模式

(一) 在线旅游平台

OTA(Online Travel Agency)作为在线旅游平台,使旅游消费者可自行通过互联网端或者电话呼叫中心等向旅游服务提供商预订旅游产品或者旅游服务,并且通过线上或者线下的方式进行支付,即各旅游主体通过网络进行产品营销或产品销售。

1. 携程

携程自1999年正式成立的二十多年来,致力于发展在线旅游,并通过投资并购扩大企业规模,到2019年,携程正式发布"G2战略",聚焦高品质及全球化布局,在售前、售中、售后提供全方位的服务,同时为了能够提升出入境游客的住宿体验,携程还推出了"华人礼遇"酒店项目,为出境的中国游客提供Wi-Fi、中文、电热水壶、中式早餐等多项服务,给游客带来极佳的旅游体验。2022年,携程在各地政府的支持下,将60多批"政府文旅消费补贴"发放给消费者以促进文旅消费的增长,同时,全新搭建了FlightAI平台,赋能合作伙伴数据源动力,带动产业发展。

2. 美团

美团作为中国最大的本地生活服务平台,服务体系覆盖到生活服务的方方面面,一体化的服务给客户带来了极佳的体验效果。美团在2013年正式推出酒店预订业务,2018年实行"Food+Platform"战略,主要是通过满足客户的本地生活服务,从而推动在线旅游业的发展。在2019年4月,美团推出"长青计划",聚焦酒店业务。2022年美团继续推进"零售+科技"的发展战略,大力投入对旅游市场发展起到促进作用的科技研发产品,加快零售行业的数字化转型,促使数字经济与旅游目的地深度融合,在以满足人民的美好生活需求为宗旨的前提下带动当地旅游产业的发展。

3. 飞猪

飞猪的前身为阿里旅行,在2016年升级为飞猪,凭借身后的阿里流量优势,发展在线旅游业务,并聚焦于平台化发展。2018年飞猪宣布"新旅行联盟"计划,开启数据智能时代的深度连接,构筑全链路连接的行业新生态。2019年,飞猪发布"新旅行联盟"升级版,上线全新店铺运营体系,结合品牌营销和会员体系,提升商家数字化运营能力,聚焦于互联网一代及出境游业务,并针对用户打造专属化、个性化的旅游推荐,让用户可以快速定位、准确选择适合自己的旅行方式,从而可以进行一站式旅游订购。2022年飞猪将目的地内容、目的地广告、目的地电商、目的地科技、目的地造节五大要素进行多元融合,为目的地量身打造

"旅行＋X"创新营销方案,发掘新的旅行潮流,助力目的地文旅等多产业融合和焕新发展。飞猪针对当地特性以及如今消费者的喜好,将这些元素进行定制组合,致力于为消费者打造一个有特色的旅游产品。2022年飞猪启动"你好,明天"计划,支持更多商家重新开展旅游业务,改善经济状况,同时助力旅游目的地的挖掘,建立诚信体系,拉动消费。

综上所述,从三家公司的发展历程来看,携程的发展早于美团和飞猪,并且具有10年以上的时间在在线旅游市场进行摸索。因此,携程历史更加悠久,经验也更为丰富。美团在酒店和旅游市场上主要的盈利模式是通过撮合供需双方来获取佣金。携程将重点放在中高端用户和高星酒店之上,以满足用户商务出差和长途旅行的需求,反之美团的酒旅业务更注重本地生活服务。从整体战略层面上看,飞猪2022年的改革会更加倾向于独立,更注重业务能力的提升,解决组织设计与市场需求、发展等问题。未来,飞猪将更加聚焦于旅游业务本身,专注打造旅游服务平台。

（二）B2B 分销平台

B2B模式是指通过加盟门市的方式将供应商和分销商联系到一起形成分销体系,同时借助互联网平台加速旅游业的发展以及提升其营销能力。也可以理解为B2B就是在网上将销售商和采购商聚集在一起,采购商可以在线上平台查到销售商及销售商品的有关信息,同时交易双方可以通过互联网技术或各种商务网络平台,完成商务交易。B2B三要素如图8-1所示。

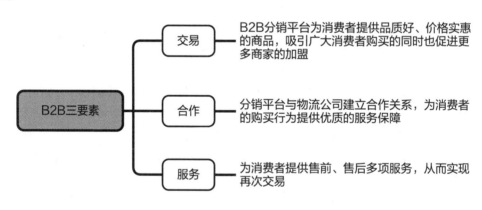

图8-1　B2B三要素

B2B模式有利于发挥各个旅游企业的优势,凝聚力量实现共同目标,达到整合优化、合理分配资源的目的;可以使每个旅游企业都能及时捕捉到相关信息,快速查询信息,从而实现长期稳定的合作关系;也有利于将旅游业推向新巅峰。同时,根据所服务的主体的不同,B2B平台分为两类:一类是中心化开放平台,可以满足信息技术的共享;另一类是分布式开放平台,可以实现旅游资源的整合、传达与共享。

（三）B2C 平台

B2C 是指企业通过互联网为消费者提供一个全新的购物环境，即消费者可以通过网上商店在线上进行商品选取、购买和支付。旅游 B2C 电子商务交易模式，也称电子旅游零售。当双方处于交易状态时，散客可以预先通过网络获取旅游目的地信息，可根据自身的需求策划日常活动,如预订酒店、机票等。这能够在一定程度上方便游客搜索、预订旅游产品,改善因信息与实际情况不符而带来的问题。此外,旅游B2C电子商务还包括旅游企业向旅游者拍卖旅游产品,由旅游电子商务网站作为中间者提供服务。

与传统购物相比,B2C平台改善了信息沟通不流畅的问题,让人们可以轻松获取多家商品信息,能够货比三家,买到性价比更高的商品。这种模式不仅节省了人们前往线下选购时因物理因素耗费的时间,同时也大大提高了交易效率。

数字赋能"智"旅分销平台

（四）C2C 共享经济平台

C2C作为一种全新的经济模式,指的是个人与个人之间的电子商务,其主要通过互联网将社会上闲散的各种资源以及对资源有需求的人都集中在一个平台上,通过数字化匹配对接的方式进行商务交易,最终让供给方获得经济报酬,让需求方获得闲散资源的有偿使用权。

小猪民宿

知识活页　　　　共享好导游

（五）O2O 平台

O2O 模式是指将线下的商务机会与互联网结合，使互联网成为线下交易的平台。在 O2O 的模式下，旅游消费者可通过互联网获取自己感兴趣的信息，并且将自己的用户体验以文字方式反馈、分享到平台上。O2O 较其他模式的不同点在于它能够实现全渠道、全体验，通过大数据捕捉旅游消费者的行为习惯、消费偏向并给予合理且客观的建议。国内较早具有 O2O 模式相关服务的是携程，它通过整合线上线下信息，引导消费者到线下进行消费活动，后又在发展中逐步引入社区电商、打车服务等。在互联网的整体布局下，旅游行业 O2O 模式主要分为两种，一种是"机票+酒店"模式，另一种是景区票务模式（见图 8-2）。

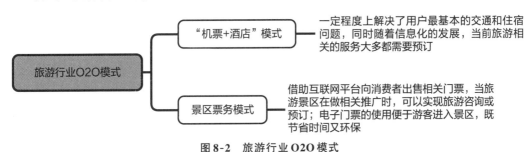

图 8-2　旅游行业 O2O 模式

知识活页　　　　觅野 CAMP

二、内容电商

(一) 内容电商基础概念

内容电商是指在互联网信息碎片时代下,用内容价值进行引爆,用内容沉淀消费行为,用内容塑造电商的新生态,通过利用互联网技术以及优质的短视频内容进行传播,从而引发消费者的购买行为。简单地讲,内容电商就是利用各平台大数据为不同人群打上对应的标签再进行分类,紧接着针对不同类型的人进行相应内容的输出,最后促使用户进行消费。

内容电商与传统电商最根本的区别在于:在内容平台中,用户起初是带着内容消费、娱乐或社交的某一种需求进入平台,使用内容平台的时间、频次会远高于传统电商平台,而在传统电商平台中,用户因自身产生购物需求才会进入平台。除此之外,二者还有几点不同:①传统电商流量是连续的,内容电商流量是间歇的、可控的;②传统电商是一个规模化、专业化的行业,内容电商具有颗粒化、个性化特征;③传统电商的特点是比价、徘徊,内容电商的特点是信任、欣赏、归属感;④传统电商的产品是货架式的,内容电商以内容和人为主。

(二) 依托短视频内容和直播带货的新电商形态

新电商是在信息技术的发展背景下,对传统电商中的"人""货""场"三要素进行线路重构,同时借助人工智能、大数据、区块链等多种技术手段而产生的新型电商形态。

新电商形态的特点主要体现在以下三个方面:

第一,注重新时代数字和信息技术的创造价值。对企业平台而言,借助大数据分析可以实现人和货、人和广告的精准匹配。对消费者而言,借助信息科学技术手段能够提升自身的消费体验,使线上购买也能有线下购物一样的体验效果。

第二,消费模式从功能式向体验式转化。在直播电商模式下,主播通过讲解以及对消费者提出的问题实时回答,让消费者体验到如亲临现场和线下导购员互动同样的服务。

第三,从单一场景到多场景的融合,更加关注用户的全方位需求。

作为一种新兴的电商形态,在内容创作方面,新电商不仅对内容创作质量进行严格把控,同时还对创作当中的故事、情绪、关联和价值四个因素给予充分考虑,让商品与用户需求更加契合;在营销方面,新电商借助多渠道引流提升品牌知名度,营造良好的口碑,夯实品牌影响力;在服务方面,新电商加大对服务商的扶持力度,提高售后保障力度,提升消费者购物的体验感和愉悦感;在创新应用方面,新电商正朝着新消费、新供给、新业态、新就业等方向发展,在消费群体规模不断扩大、消费方式不断创新的形势下,多种电商新模式、小程序脱颖而出,符合新时代的用户需求。

| 知识活页 | Boss 直播重新定义携程 |

| 知识活页 | 故宫博物院——文创产品的传播 |

（三）内容电商未来发展趋势

中国旅游业已经进入复苏状态，游客的出游信心逐渐增强，但不可回避的是仍有其他因素，如极端恶劣天气、旅游市场规模不断扩张等，对市场的恢复造成了一定的负面影响。同时，对旅游消费者而言，旅游产品的选择因其内在需求、外部环境因素的影响而不断变化。

此外，旅游行业的内容运营方式正处于从图文表述到短视频的过渡期。相较于图文展现，短视频和直播这两种方式适应性强，可以灵活满足各种需求；信息承载量丰富且集中，可以与用户进行深度互动和沟通；优化产品展示，能够减少用户产品搜索行为；限时低价降低决策成本，可以触发非计划性消费；实时互动，能够带来交互式购物体验。所以在未来的复苏道路乃至长久发展道路上，具有内容性的短视频创作和直播势必会成为拉动旅游经济的一大关键因素。

三、社群电商和私域流量的运营

（一）社群电商基础概念

社群是企业与用户沟通的最短路径，因为其本身具有极大的便利性与实时性，所以企业在社群中可以与用户建立更多的互动，更快获取一些反馈。从某种意义上说，社群电商作为

传统电商的延伸,通过客户的社群化充分激活企业的沉淀客户,抛弃了固有的客户管理方式,将每一个单独的客户通过社交网络工具进行了社群化改造、分类,能够充分提高社群成员的活跃度和传播力。

社群场景侧重交流和分享,看重活动和内容,如专家在线、话题、活动、商品百科、旅游分享等,都可以成为活跃社群的方法。在这个以场景为趋势的移动营销时代,社群电商的魅力在于当用户最需要的时候,一个活动或一个产品恰好出现在他们面前,直击内心。从实体店到微商、社区,再到社群,企业可以寻找到大量精准用户,从而形成更大的销售局面,创造更高的品牌价值。

知识活页 小红书在旅游领域的尝试

知识活页 拼多多进军旅游业

知识活页　微信小程序、微信支付在旅游领域的应用

（二）私域流量运营

私域流量是指从多种线上平台引流到自己私域,实现粉丝流量的转化,商家可以直接与客户进行沟通,并且可以反复多次接触客户,对客户进行精细化管理,挖掘用户的价值。相反,公域流量一般是初次参与平台上进行内容曝光的流量,而私域流量则是企业独自拥有的流量资产,主要来自顾客群体。

私域流量的特点主要体现在：第一,私域流量具有流量自主权。公域流量是面向集体的流量,而私域流量是面向单一个体的流量,企业具有掌控私域流量的权利。第二,私域流量获取所需成本较低。随着电商的不断发展,私域流量通过多平台吸引和挖掘客户,再借助用户的口碑进行传播,从而降低所需成本。第三,私域流量涉及的角色多样化。当顾客进入私域内,先是以消费者的身份存在,如若将商品推荐给周围人时则变成了销售者,因此,私域流量是通过借助多元角色建立信任关系,从而拉动消费。

从商家的角度来看,当顾客进入私域内,商家可以随时随地与顾客进行沟通,借助私域向顾客推送信息,与顾客建立稳定的情感联系。从顾客的角度来看,通过私域流量获取的信息比通过公域流量获取的信息更具有针对性、吸引力,以及私域流量能够为顾客提供便捷性的服务。

知识活页　粉丝运营——以途牛为例

（三）社群电商未来发展趋势

传统电商以"货"为中心，而社群电商以"人"为中心，通过利用社交关系传播相关讯息，为商品或服务做铺垫，促进商品的流动。

当前市场上有两种主流的社交电商的模式：一种是拼多多的拼团模式，拼团购买商品不仅可以让人们以低价来获得心仪商品，获得实际的经济实惠，同时还可以在拼团的过程中获得社交行为的乐趣；另一种则是通过微信朋友圈、微博等社交平台进行分享宣传，使信息流通速度变快，交易变得更加灵活。

但随着电商经济的持续发展，社群电商的概念逐渐进入大众视野，传统电商的商品信息来源于商家，很容易造成信息不对称，消费者很难得到真实、客观的评价。而社群电商则通过消费者之间的互动，让消费者可以分享自己的购物体验，形成真实、客观的评价。在今后的长久发展下，通过社群电商，人们足不出户就可以及时获取旅游信息，对旅游商品进行选取、购买、支付等一系列操作，企业可随时发布旅游讯息、在线解决消费者问题等，但如何做到完全公开透明、保障个人隐私等也成为发展道路上需要不断探讨和研究的问题。

教学互动

（1）商业模式创新能力一直都是企业核心竞争力的重要体现之一，请你基于C2C现有的发展状况分析其利弊。

（2）当前短视频的影响力远远大于网站页面的宣传，你认为在今后的生活中，传统的传播方式会被替代吗？短视频的影响力是否会一直处于领先地位？

本章小结

本章介绍了旅游电子商务的多种模式特点及适用性，使学生能够独立分析旅游电子商务在旅游业发展的过程中起到的作用，以及知道未来发展中所需做出的改变。

重点概念

在线旅游　C2C　共享经济　内容电商

第八章　旅游电子商务

章节测验

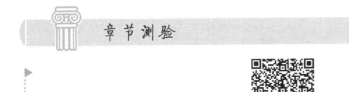

第九章

国内外智慧旅游数字文旅案例

本章概要

本章选取国内外智慧旅游的十个案例,帮助学生更好地理解前八章学习的知识。

学习目标

◁ 知识目标 ▷

(1)了解智慧旅游创新案例。
(2)了解文旅融合数字化案例。

◁ 能力目标 ▷

加强对本书前八章内容的理解,并做到活学活用。

◁ 素养目标 ▷

(1)使学生深刻感悟中华文化博大精深,提升文化自信。
(2)使学生深刻理解创造性转化、创新性发展的含义。

第九章

国内外智慧旅游数字文旅案例

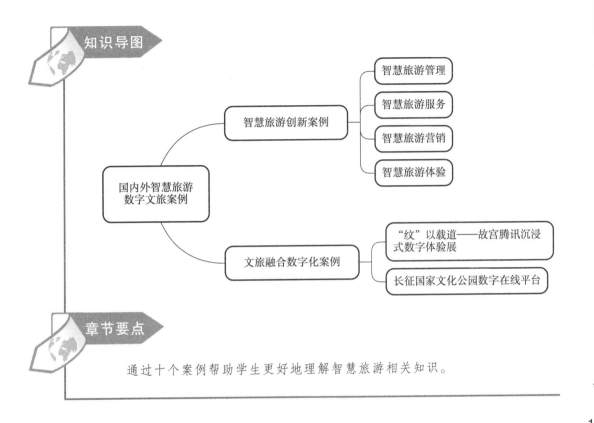

章节要点

通过十个案例帮助学生更好地理解智慧旅游相关知识。

第一节 智慧旅游创新案例

一、智慧旅游管理

(一)陶然亭公园基于5G技术和北斗卫星导航系统的游船智慧管理平台

1. 案例简介

为有效防范游船码头游客聚集扎堆,实现游船智慧化运营,提升游船运管效能,增强游客乘船体验,北京市公园管理中心依托5G技术、北斗卫星导航系统、云计算、物联网、大数据、人工智能等现代信息化技术,在所属北京市陶然亭公园精心打造了基于5G技术和北斗卫星导航系统的游船智慧管理平台,给游客带来了全新的服务体验。平台保障了公园游船智慧化运行,实现了自助扫码购票、快捷线上支付、统一云上排队、游船智能运管、数据实时分析、快速精准救援,做到了游客服务智慧化、公园管理智能化、指挥调度可视化。图9-1为陶然亭公园5G游船智慧管理平台页面。

图9-1 陶然亭公园5G游船智慧管理平台页面

2. 技术应用

该平台紧扣公园游船运营管理服务现实需求,以提升游客体验、提升管理效能为根本目的,实现游客线上购票、云上排队、游船精细管理、实时指挥调度等服务管理功能,对公园游船服务进行优化升级;加装北斗卫星导航系统和5G通信模组,运用联通5G切片技术,保障通信信号稳定传输和游船精准定位,实现对游船的实时智慧化管控;开发数字化管理平台,进行游船信息化管理和应急管理实时指挥,实现公园场景下游船管理的可视化与智慧化,向游客和管理人员提供新型、便捷、高效的服务管理平台,推进公园智慧化服务管理转型升级。

(1)游客云上排队。

游客一键扫码即可实现线上购票、支付押金、统一云上排队登船,有效避免排队购票、排队聚集的情况,减少售验票人员,提高售验票效率,实时呈现船票售验票情况。

(2)智能运营管理。

游客登船后,通过扫码即可启动游船游览,平台自动记录运营数据,如遇大风、大雨等危险天气,公园可通过智能广播系统实时发布相应预警。公园利用"5G+北斗"一体化模组,对游船进行实时定位,为游船科学化、精细化管理提供有力支撑。

(3)数据实时分析。

平台实时呈现游船运营数据,可通过云计算实时统计分析,自动生成日报、月报、年报等统计报表,提高工作效率。同时可对游船进行多维度信息管理,建立数字化游船档案,对每条游船信息进行科学统计、录入,实现船只档案数字化动态管理、电瓶电量动态监测,游船数据统计更加科学、规范、可追溯。

(4)快速精准救援。

游客游览中遇有紧急情况,可按下船上救援按钮求助,救援人员根据"5G+北斗"定位,进行精准救援,管理人员可实时查看救援画面,实施科学精准的指挥调度。使用这一平台既增加了救援呼叫方式,又能合理安排巡护力量,还可以提高救援效率,并建立预警提示管理。

3. 总结

(1)"5G+北斗"一体化实时运营管理。

通过5G网络实时提供亚米级、厘米级、毫米级高精度定位服务,构建全天候、全天时、全地理的精准时空服务体系。从游客扫码上船起开始实时监控,保障游船正常使用及游客人身安全,降低意外发生概率,通过数字化更好地运营管理游船,增强游客体验感、提高管理效能、强化安全服务。

(2)云计算实时统计分析数据。

通过云计算更加科学、规范地管理每日数据,更加高效地统计、分析海量数据,提高公园游船信息管理效率,有效推动公园游船运营模式、服务方式、应急救援等方面的创新发展。

(二)澳门三大智慧旅游项目

1. 案例简介

澳门特别行政区政府旅游局配合特区政府的智慧城市发展策略,并按照《澳门旅游业发展总体规划》制订的行动计划,有序开展多个智慧旅游项目。其中,旅游局与阿里巴巴集团旗下阿里云就推动智慧旅游发展进行首阶段合作,并正式推出"旅游资讯交换平台""旅客洞察应用"及"智慧客流应用"三个项目,为旅客、旅游业界和澳门市民带来了便利。

2. 技术应用

(1)旅游资讯交换平台。

"旅游资讯交换平台"为各项智慧旅游项目的基础,构建于澳门特别行政区政府云计算平台上,汇聚澳门旅游相关的各类数据资源。信息交换平台将通过制定统一的数据标准和规则,促进旅游数据资源在业内的共享交换,为澳门旅游业的规划及发展提供数据支撑。

(2)旅客洞察应用。

"旅客洞察应用"从"旅游资讯交换平台"取得数据,通过大数据分析技术洞察旅客群体的基础及行为属性,从而了解旅客在澳门的旅游情况和偏好,并掌握访澳旅客的游览行为。旅游局未来将收集旅游业界对"旅客洞察应用"的需求和意见,完善相关功能,以发挥"旅客洞察应用"的最大效用。

(3)智慧客流应用。

"智慧客流应用"以"旅游资讯交换平台"取得的数据为基础,通过算法预测各监测景点于4小时、24小时及7天的区间的人流密度,并以"舒适""相对舒适""轻度拥挤""拥挤"及"非常拥挤"作为区分,方便旅客及旅游业界安排行程(见图9-2)。

截至2019年,"智慧客流应用"实现了对20个热门景点的监测,包括世界遗产"澳门历史城区"的多个景点,以及氹仔和路环的景点等。

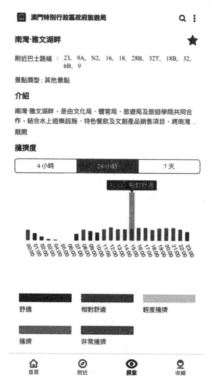

图 9-2 "智慧客流应用"预测景点的人流密度页面

3. 总结

(1)云计算促进旅游信息交换。

云计算是通过网络"云"将巨大的数据计算处理程序分解成无数个小程序,然后通过多部服务器组成的系统处理和分析这些小程序,得到结果并返回给用户。通过这项技术,我们可以在很短的时间(几秒钟)内完成对数以万计的数据的处理,从而实现强大的网络服务。三大智慧旅游项目通过云计算对澳门旅游相关数据进行收集、整理、分析,助力澳门旅游业发展。

(2)大数据为旅客提供便利。

大数据分析是指对规模巨大的数据进行分析。大数据的特点可以概括为5个"V"(Volume、Velocity、Variety、Value、Veracity),即数据量大、速度快、类型多、价值、真实性。通过大数据技术洞察旅客群体的行为,深入了解旅客消费行为,能够帮助澳门更好地服务旅客,为旅客提供更好的旅游体验感。相关部门可以通过大数据进行数据实时监测,旅客可通过应用查看相关信息。

二、智慧旅游服务

(一)纽约旅游网

1. 案例简介

纽约旅游网(www.nyctourism.com)是由纽约城建基金会出资建立的目的地非营利性营

销组织,由多方协会及景点联盟主要成员共同参与运营,其运营主体属于多方出资的非营利性公司。目的地营销组织主要负责推广和营销纽约旅游,并提供相关的景点、交通、住宿、购物、餐饮等旅游服务(见图9-3)。

图9-3　纽约旅游网页面

2.技术应用

网站同时服务于C端游客和B端商家。针对C端国内外游客,网站可提供全面的"一站式"服务,覆盖从行程、机票、酒店、门票预订到公交查询、景点导览等各种接口链接;针对B端商家,网站涵盖了本地餐饮、酒店商家及会议主办方,能够提供宣传推广、行业洞察、会议策划等支持服务。

在平台特色方面,纽约通过虚拟现实技术,充分展示了其极具时尚感、科技感的大都会形象。在"虚拟纽约"平台上,纽约旅游网开通了主要景点和热门活动的线上游览渠道,以视频录像、活动直播、数字展览、实时视频交流、社交媒体聚会和虚拟游览等方式,在数字平台上呈现纽约的时尚风貌特色。

3.启发

纽约旅游网为游客提供路线规划、旅游购物信息、酒店信息、景点信息,帮助游客更好地享受旅行,并且人们可以在网站上看到他人分享真实旅游感受的文章,为游客提供更真实的旅游经历介绍。

(二)大英博物馆

1.案例简介

大英博物馆(The British Museum),又名不列颠博物馆,位于英国伦敦新牛津大街北面的罗素广场,成立于1753年,1759年1月15日起正式对公众开放,是世界上历史悠久、规模较大、较著名的综合性博物馆之一。博物馆收藏了世界各地的许多文物和珍品及很多伟大科学家的手稿,其藏品之丰富、种类之繁多,为全世界博物馆所罕见。

2. 技术应用

(1) 自助导览。

大英博物馆的自助导览主要通过两个途径来实现,一个是线上的网站导览,另一个是博物馆现场的多媒体导览。

导览设备中收录有260段关于博物馆精彩展品评述,均由策展专家解说。其中有语音、视频、文字和图片,为观众提供深入的资料信息。展品可以选择最受欢迎的藏品,也可以选择各国主题的藏品,或者选择反映世界历史的20件藏品。游客可以根据展品内容选择合适的参观方式,了解更多大英博物馆中著名的展品或是展开一段主题性导览。通过互动地图,游客可以在庞大的博物馆空间里迅速地找到展品,以自助的形式轻松探索博物馆。导览还提供了与此件展品相关联的其他展品信息,并且游客可以随时通过互联网进行相关的延伸阅读。

参观者可以将这些参观的总结作为电子纪念品发送到自己的邮箱,或者分享在社交媒体上。多媒体导览不仅有提供给普通人群的语音导览,还有为特殊参观者提供的手语导览和视障语音导览。手语导览免费提供给听障人士使用,视障语音导览免费提供给视障人士使用,视障语音导览也对其他需要语音口述帮助的参观者开放。视障语音导览包含了对于展品细节的描述以及策展人的解说评述,并且这套系统可在触摸屏设备上使用。

(2) 大英博物馆中文官网。

官网内使用中文(见图9-4),方便中国游客查询。游客可以在官网上看到博物馆简介、馆藏的中国文物、馆内导览时间等,并且官网内可以查询到参观博物馆的基本信息,方便游客进行行前安排。

3. 启发

(1) 利用自助导览为游客提供便利。

无论是线上还是线下,当人们来到大英博物馆,他们用互动式自助导览选择自己感兴趣的藏品,便可体验一段环绕世界、跨越时光的旅程,并且很快会发现,他们自身的历史将与其他人的历史快速地交叉连接起来。这种灵活运用馆藏的方法令博物馆缩短了与大众之间的距离,也激发了人们对博物馆的兴趣。人性化、个性化的服务方式能够让游客感到便利,为残障人士提供的导览服务能够让他们感受到温情。

图9-4 大英博物馆——晨间及晚间导览

(2)利用中文官网吸引中国游客。

以"互联网+旅游"为代表的旅游新业态快速发展,进一步推动了生产方式、服务方式、管理模式的创新,也丰富了产品业态,进一步拓展了旅游消费空间。从早期线上找旅行社,到线上查出游攻略,再到如今线上预约景区门票,以互联网为代表的现代信息技术带动了一轮又一轮的旅行服务创新。用中文官网为游客提供博物馆相关信息,可方便中国游客出游。

三、智慧旅游营销

(一)手拉手:我们与你同在——全球博物馆珍藏展示在线接力

1. 案例简介

2020年初,博物馆的生存和运转受疫情影响而面临巨大冲击,全球博物馆比以往任何时候都更需要团结协作、鼓舞人心、传递信心。中国国家博物馆克服困难,敢为人先,发起倡议并创造性地联合全球15家顶级博物馆共同开展在线接力活动。2020年9月6日至9月14日,中国国家博物馆发起主题为"手拉手:我们与你同在"的全球博物馆珍藏展示在线接力活动,以接力直播、在线联展的方式,将各馆珍藏文物集中呈现在全球观众面前。活动引起了国内外社会公众广泛、深入的关注和参与,中国文化和旅游部部长在活动启动仪式上发来贺信对本次活动予以充分肯定。图9-5为全球博物馆珍藏展示在线接力活动宣传海报。

图9-5 全球博物馆珍藏展示在线接力活动宣传海报

本次活动有五大亮点:一是覆盖广,英国、南非、澳大利亚、美国、韩国、阿根廷等来自各大洲的16家博物馆联袂参加;二是规格高,参与馆的馆长亲临一线,领衔向全球观众展示珍藏,让全球观众在云端欣赏到世界顶级博物馆的"馆长之选",领略不同民族与文化的魅力;三是文物精,每件文物皆是各馆重量级的馆藏珍品;四是技术新,中国国家博物馆专场中首次使用"5G+8K+AR"的技术,以直播方式展示藏品,参与馆的馆长们跨国远程视频连线;五是触达深,通过互联网以及各类新媒体端口,让全球观众在线上就能够欣赏到全世界博物馆的珍藏,推动博物馆资源的创造性转化和创新性发展。

2. 技术应用

(1)"科技+文化"助力文物活化传播。

在本次活动中,中国国家博物馆与中央广播电视总台开展战略合作,提供技术支撑,共同进行直播合作,搭建5G直播环境、双边远程连线。在中国国家博物馆专场中,首次采用"5G直播环境+8K拍摄/制作/大屏呈现+AR动画特效"相结合的新技术手段,超清晰、更流畅、更生动地呈现"馆长之选"。以主控光缆传送、5G推流和基础网络保障播出信号安全、流畅、高品质,灯光、舞美和动力系统等技术环节都体现了非常高的国际水准,在直播中以新颖的方式带给观众沉浸式观看体验,全方位立体化呈现中华文化的悠久厚重和博大精深。AR前景虚拟,使霁蓝釉粉彩描金莲花纹双燕耳尊上精美的吉祥纹饰逐渐展开;现场搭建的制作系统,使文物模型与现场画面实时合成,从而在直播中以新颖的方式带给观众沉浸式的观看体验;三维动画展示错金银云纹铜犀尊使用方法,不仅丰富了藏品展示方式,同时更好地传递了藏品的历史价值和文化价值,并以此生成网络热点,吸引更多的年轻受众;特效动画复原伏羲女娲像立幅重点部分,最大限度地还原了文物自身的样貌。与此同时,中国国家博物馆首次采用8K电影级拍摄,独家定制8K大屏呈现,高品质的显示技术实现了真实视界的最高境界,清晰细腻的画面使错金银云纹铜犀尊的细节一览无遗,以新技术向全球展示了中国国家博物馆藏品的精美面貌。

(2)全媒体传播形式。

在本次活动中,中国国家博物馆采用"跨国双边/多边视频连线+海内外多平台直播+内外宣联动"的方式,整合央视新闻客户端、"央视新闻"微博、中国国际电视台、人民网、新华网客户端等国内外20余家平台参与直播并对活动全程开展宣推。中国国际电视台英语、西班牙语、俄语、阿拉伯语频道等平台持续跟进,央视海内外各新媒体传播矩阵持续发力。Facebook、Twitter、YouTube等海外社交平台官方账号也进行了国际直播和海外宣推。为了更好地呈现各国博物馆风采和馆藏珍品,中国国家博物馆融媒矩阵通过中国国家博物馆官方网站及新媒体平台对本次活动进行全程宣推。

3. 启发

(1)世界文化交流平台。

本次活动为世界文化交流互鉴提供了新的平台,通过实际行动向世界传播中华文化,体现了"保持文化多元,保持人类思维活力,为解决全球问题提供更多答案"的人类命运共同体理念。同时,中国国家博物馆藏品丰富,其历史、审美、科学、文化价值的展示向国际社会呈现了多元一体的五千年中华文明整体形象。

(2)展现中国最新技术水平。

5G网络是针对4G网络的不足和未来的新型互联网应用而设计的,具备一系列优异性能,具有高速率、大容量、超可靠、低时延等特点,其中前三个特点对直播具有显著的促进作用,能够保障跨国直播的流畅、顺利。8K指的是一种分辨率,字面理解就是高达7680×4320的分辨率,相当于当今4K"超高清"的4倍、1080P"全高清"的16倍,清晰度的提升能更好地向世界展示中国国家博物馆中珍藏的文物。AR动画特效将文物模型与现场画面实时合成,在直播中以新颖的方式带给观众沉浸式的观看体验。

新技术、新媒体的应用也向世界展示了中国信息网络技术的最高水平,观众能够通过直播的传播形式超越时空限制,通过"中国智造"领略文物的精美面貌和文明的绚丽多姿。

(二)新西兰以创新数字化营销推广反季自然旅程

1. 案例简介

2021年新西兰以创新数字化营销聚焦反季自然及冰雪旅程,加强中国市场的线上推广工作,保持与同业者和中国游客的良好沟通。图9-6为新西兰旅游局官方网站页面。

图9-6 新西兰旅游局官方网站页面

2. 技术应用

长期以来,新西兰旅游局通过不断寻求多元化、数字化的创新合作和推广方式,触达更多的中国消费者。鉴于未来以直播、短视频为主的数字化营销方式将逐渐成为主流,旅游营销也将呈现线上线下加速融合的态势,新西兰旅游局将不断突破创新,加强中国市场的线上推广工作,进一步与消费者、旅游业者保持沟通,使新西兰一直在大家的向往目的地名单上。

(1)打造反季旅行优势。

新西兰身为南半球为数不多拥有高质量雪场的目的地,主打反季滑雪优势,以进一步提高其国际闻名的滑雪运动胜地形象。每年6月至9月白雪覆盖南岛的群山,吸引着全世界的滑雪高手纷至沓来。除了世界级的滑雪场,新西兰的冬季还有丰富的雪上项目以及户外活动,适合想要亲近冰雪的初学者。此外,位于南太平洋的新西兰,拥有丰富的旅游资源,以及各种反季自然景观。多样的地貌、悠长的海岸线和终年温和的气候,赋予当地迷人的自然风光,也为跳伞、潜水、滑雪等顶级户外活动提供了良好的条件。游客不管是想亲近大自然,还是参与户外活动,都能享受纯净天然的反季自然旅程。

(2)数字化营销。

新西兰已与马蜂窝、新浪微博等合作伙伴开展了面向广大消费者的直播合作,如在新西兰国际南极中心直播小蓝企鹅的生活。此外,为了使新西兰在游客心目中保持活力,新西兰也积极鼓励游客通过数字化的方式"云游"新西兰,使他们对新西兰心生向往。2020年,新西兰旅游局还先后推出"新西兰想对你说"全新市场推广活动、"新西兰滋味"媒体招待会、新西兰周暨"倾心出品"主题活动,同时,参与2020国际冬季运动(北京)博览会。

此外,新西兰著名五星级酒店——Cordis酒店的全黑队体验馆于2020年12月落成对外开放,展示着"新西兰的全民运动"背后的文化和精神内涵,喜欢新西兰国家男子橄榄球队——全黑队的游客,绝对不能错过。场内互动活动丰富,会议场地部分可以开展能容纳250人的酒会或自助餐活动。

3. 启发

数字营销是使用数字传播渠道来推广产品和服务的实践活动,从而以一种及时、相关、定制化和节省成本的方式与消费者进行沟通。数字营销包含了很多互联网营销(网络营销)中的技术与实践。新西兰的数字营销创新值得我们学习和借鉴,多元化、数字化的合作与推广能够助力旅游业发展,并且直播形式可以更广泛地向外国游客展现新西兰旅游特色,吸引更多游客。

四、智慧旅游体验

(一) teamLab 无相艺术空间

1. 案例简介

艺术团队teamLab由ALight光禹莱特公司于2016年引进到中国,并联合创建了迄今为止国内最大规模的常设性沉浸式美术馆"teamLab无相艺术空间",空间于2022年12月24日在北京朝阳大悦城10层开幕。在挑高11米,总面积约10000平方米的光影世界中,teamLab提出"无相"这一概念:我们创造出一种全身心沉浸的体验,超越我们对物质世界常识的理解,进入无相的世界。

teamLab是以团队创作为理念的国际性跨域艺术团队,在上海、澳门、纽约、伦敦、巴黎、墨尔本、东京等世界各地都举办过大规模特展。2016年由ALight光禹莱特公司以共建的合作方式引入中国,2019年在上海黄浦建成了第一家常设性的沉浸式数字艺术美术馆"teamLab无界美术馆",2022年底在北京落成了国内最大规模的常设性沉浸式美术馆"teamLab无相艺术空间"。迄今为止,全球累计观展人数已超过2800万人。

2. 场景应用

(1)《生命的轨迹——全方位超越空间》。

《生命的轨迹——全方位超越空间》是一件全球首次发布的作品。当人们进入作品的空间时,其存在将成为作品的一部分,空间会随着其动作而变化,人与作品融为一体。人们的足迹会形成一条长长的轨迹线条,映射在空间里,并最终成为作品的一部分。这种全身心的沉浸体验将带给人们一场独特而令人难忘的艺术之旅。

(2)《在逆流中站立,产生旋涡》。

作品《在逆流中站立,产生旋涡》(见图9-7)所想表达的是,当人们逆流而上时,漩涡就会在他们身后产生。漩涡是由从外到内或者从内到外持续流动的水创造的,由水的流动带来的能量所创造出来的结构由此得以维持下去。同漩涡一样,生命也从外部吸收和输出能量和物质,然后向外排出,在这种流动中维持其结构。

图9-7 《在逆流中站立,产生漩涡》

(图片来源:teamLab官网)

(3)《自律抽象画,从宇宙到自身存在的连续现象》。

作品《自律抽象画,从宇宙到自身存在的连续现象》(见图9-8)由无数个光点组成,每个光点都会根据各自不同的节奏明暗变化,同时变换着颜色和音调。彼此靠近的光点之间会出现同步现象,明暗节奏和色相会逐渐接近。人如果接触这些光点,光点的明暗与色相周期就会产生变化,变得各不相同,之后彼此靠近的光点间的明暗节奏和色相会再次产生同步现象。同步现象是指不同的节奏之间相互影响从而变得一致。比如,挂在墙上的两个挂钟的钟摆会逐渐同步摆动。众多萤火虫聚集在一棵树上时,会同步闪烁并发出更大的光亮。

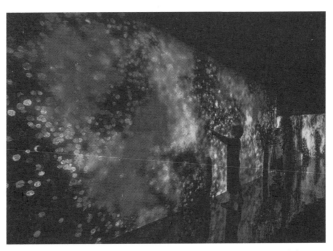

图9-8 《自律抽象画,从宇宙到自身存在的连续现象》

(图片来源:teamLab官网)

(4)"EN TEA HOUSE-太虚境"。

在"EN TEA HOUSE-太虚境"这个被无数光之球体群与黑暗的球体群填满的空间里,可以体验"品茶"。茶杯发着光,想要品尝而端起茶杯时,茶就会发出强光,周边的球体群也会相继呼应。球体群尽管在视觉上清晰可见,但却并不存在于物理空间中,不能被触摸或握住。"存在究竟是什么",是"EN TEA HOUSE-太虚境"所提出的问题。

茶会根据各自不同的节奏发光,还会与周围的茶产生同步现象,使得发光的节奏渐趋一致。而且,茶闪烁着teamLab所提倡的新概念色彩。当你从远处看茶时,光的色彩不会有变化,保持着同一种颜色,但当你凝视茶时,光的色彩会持续变化,时间的概念就此产生。

3. 启发

(1)实现人与影像的互动。

teamLab是一个跨界的超级技术团队,其合作实践旨在引导艺术、科学、技术、设计和自然世界的融合。teamLab通过艺术,探索人与自然,以及自身与世界之间的新关系。数字技术使得艺术从物理的限制中解放出来,并且超越边界。在抽象的空间中,游客与空间融为一体,跟随空间的流动而运动。

(2)空间感的遗失带领游客进入虚拟世界。

空间感的遗失是teamLab展览最主要的特征,游客看不到自己所处的展览的实体建筑边界,而是在创作者构建的虚拟世界中漫游。空间感的遗失给游客一个逃脱现实世界的理由,让游客短暂地被虚幻所包围,并且可以将身体沉浸到作品中,用身体去认知,与他人一起成为作品的一部分,去探索一种人与世界相连且没有界限的体验,深度体会作品所要表达的寓意,与作者产生更大共鸣。

(二) 迪士尼的元宇宙战略

1. 案例简介

2021年11月,迪士尼CEO Bob Chapek在一场对谈中暗示元宇宙将是迪士尼的未来。2021年12月底,迪士尼获得一项技术专利,名为"现实场景中的虚拟世界模拟器",旨在为游客打造个性化互动景点。其实早在2020年7月,迪士尼就向美国专利商标局提交了申请。美国旅游媒体PhocusWire表示,此项专利的批准,意味着迪士尼向打造主题公园内的元宇宙迈出了一步。

2. 技术应用

(1)打造沉浸式体验。

迪士尼在专利申请文件中提到,AR技术能够打造沉浸式体验,让游客与虚拟世界互动。迪士尼表示,需要开发新技术,打造多方位的沉浸式体验,并根据每个用户进行个性化设计。

此项技术通过智能手机或其他移动设备追踪游客,将这些信息传输给与投影设备连接的电脑。随后,"虚拟世界模拟器"会在游客面前投射出一个迪士尼角色形象,配合隐藏扩音器里的声音,打造沉浸式体验。

迪士尼表示,该项技术并非面向大批观众,而是用于追踪乐园内的单独游客,专门为他们进行投影。例如,游客经过一面墙,可能会看到米奇在前面手舞足蹈。游客不需要戴特殊装备或头盔就可以看到这些投影画面。通过这项技术,迪士尼可以通过3D投影与游客互动,而不用打造机械动画角色或雇演员来表演。

迪士尼邮轮的原创舞台剧《冰雪奇缘》,将传统的剧院技术与最先进的技术相结合,运动追踪视频图形与大型移动布景的结合创造出阿伦黛尔这一冰雪世界,使游客沉浸其中。

(2)IP的NFT化。

对NFT来说,元宇宙会拓宽并丰富NFT应用场景,这可以解决NFT缺乏流动性和实际应用的问题。元宇宙的沉浸式体验让NFT的使用更贴近真实生活,增大了其使用价值。

迪士尼凭借其丰富的IP资源,以及公司拥有的众多粉丝,在发售NFT作为收藏品方面具有明显的优势。依托数字藏品交易平台VeVe,迪士尼已经发布了"星球大战""辛普森一家""米老鼠"等系列NFT。目前,大部分NFT已经售罄,并在二级市场上被炒作,如60美元发行的"辛普森一家"NFT在二级市场上曾被卖到150美元。

3.启发

(1)丰富数据增强游客体验感。

迪士尼一直通过运营乐园来收集丰富的数据,为受众提供实体和数字内容的个性化融合。当用户登录Disney+时,系统能够自动判断用户身份。大量的硬数据能够确切地表明,该用户第一次播放了什么内容,播放的时间、时长及次数。如果可以把广泛数据和深度数据结合起来,统一于同一个数据库,那么不管消费者是在迪士尼乐园,或在家里观看Disney+,还是在其他任何地方,都能够更好地针对消费者体验进行内容定制。

(2)以人为本的元宇宙计划。

元宇宙强调的"临场感""沉浸式体验",正好契合了数字化时代下旅游行业所追求的新模式。"沉浸式体验"是元宇宙的重要特征,其目的是要打造一个与现实世界高度互通的平行虚拟世界,达到虚拟与现实的交融互通,使现实世界的人可以更快乐、更高效地学习、工作和生活,"以人为本"是贯穿始终的核心命题。

第二节　文旅融合数字化案例

一、"纹"以载道——故宫腾讯沉浸式数字体验展

(一) 案例简介

2021年12月18日,由故宫和腾讯联合主办的"纹"以载道——故宫腾讯沉浸式数字体验展在深圳·海上世界文化艺术中心正式对外开放。

展览共设锦绣世界、流光溢彩、巧思成"纹"、"纹"法自然、纹窗弄影、梦幻江南、瑞意祥纹7个展区,以及10个年度限时打卡点。尤为特别的是,在本次展演中,OUTPUT团队提取了故宫古建、陶瓷、家具、织绣上的各种纹样,在全场无一件实体文物的情况下,用数字技术赋予文博领域一种新的应用场景,充分体现了数字科技在文博领域的创新应用。

（二）技术应用

整个展览大量运用了腾讯的新技术，处处都是文化与科技的碰撞，"纹"以载道——沉浸式数字体验展为观众带来了精彩的全息演绎体验。

1. 裸眼3D

走进"锦绣世界"展区，映入观众眼帘的是一个高达8米的裸眼3D视觉装置。5.3米高的故宫最大裸眼3D"数字文物"在放大22倍的效果之下，仿佛从展柜"走"出来。装置内部以万花筒形式展现器物纹样，通过沉浸式渲染技术，观众用手轻触"文物"，即可看到在墙上投影出的重组过的动态纹样。四季山水图转颈瓶、五彩鱼藻纹盖罐，由静变动，瓷器上的锦绣纹样以数字化形式呈现，观众能体验到实物展也无法感受到的细节，近距离感受古老瓷器的惊世之美。

2. 沉浸式AR倦勤斋

展览首次将倦勤斋进行数字化复原，还原了故宫倦勤斋内景与通景画遐想场景，观众戴上AR眼镜伴随四季的变换，仿佛置身于精美画卷之中。乾隆时期的"江南幻梦"，巨幕透视通景画的精致巧思，凭借科技之力在展厅中照入现实。通过AR近看百年戏台，亲身探索古人梦想中的"神秘空间"。

3. 沉浸式锦绣纹样万花筒

此展区为一个通道式的空间，墙壁上涌现出文物上的纹饰图样，游客置身于瑰丽万花筒中，近距离感受纹样的魅力，与不同的纹样互动产生全新的交互体验。腾讯多媒体实验室为此提供了技术支持，实验室通过沉浸式渲染技术，按照万花筒的折射原理将纹理材质镶嵌进几何图形，达到动态调控图形色调的效果，让观众能够亲身感受绚丽花纹的变化过程。

4. 沉浸式37米环幕空间

此展区利用360°环幕，将故宫精美文物数据化，投放至屏幕上并与之进行互动。除去环幕外，在此空间的中间还立有一个巨大的盘子装置，游客可以朝着盘子装置内挥手进行体感交互，也可拨动纹样，将纹样拖入环幕，创造全新的华美空间。

5. 沉浸式故宫朱墙

观众走近故宫朱墙，感受故宫的四季美景，透过故宫窗花纹样，留下流光影像。展厅设有一条沉浸式的数字宫墙通道，通道一侧是故宫的门窗槅心，另一侧是故宫的四季剪影，人们走在通道之中，紫禁城中光影与朱墙交织的动人画面便映入眼帘。光影在窗与朱墙间流动，让人们走过四季，见证紫禁城历史的变迁。

知行合一

1. 开拓创新，顺应时代发展

2021年起，文博行业，科技创新已成为热词。中央全面深化改革委员会审议通过的《关于让文物活起来、扩大中华文化国际影响力的实施意见》，以及《"十四五"文物保护和科技创新规划》和九部委印发的《关于推进博物馆改革发展的指导意见》均大力提倡文物科技创新。故宫此次的沉浸式数字体验展正是抓住了机遇,顺势而为,抢占先机。

2."文化+科技"沉浸式体验

此展览运用了大量新技术,这些技术对于推动文博行业变革,有非常强大的作用。通过技术手段,游客能够身临其境,拥有跨时空的沉浸式全新体验,增强参与感。腾讯和故宫,是强大的科技力量与深厚的文化资源的结合,通过数字展览实现"文化+科技"双赢,科技助推文化弘扬,文化映耀科技价值。

二、长征国家文化公园数字在线平台

(一)案例介绍

2020年12月,长征国家文化公园建设推进会在贵州省遵义市召开。中宣部、文旅部、国家发展改革委等相关部门,和长征沿线的15个省(区、市)齐聚一堂,共话长征国家文化公园建设。目前,长征国家文化公园建设正稳步推进,重点建设区贵州段、江西段、福建段、陕西段、甘肃段发挥先行示范作用,已取得重要进展。长征国家文化公园官方网站如图9-9所示。

图9-9 长征国家文化公园官方网站

2021年8月,为深入学习贯彻习近平总书记关于国家文化公园建设的重要指示精神,加快推进国家文化公园建设,国家文化公园建设工作领导小组印发《长征国家文化公园建设保

护规划》。整合长征沿线15个省(区、市)文物和文化资源,根据红军长征历程和行军线路构建总体空间框架,加强管控保护、主题展示、文旅融合、传统利用四类主体功能区建设,实施保护传承、研究发掘、环境配套、文旅融合、数字再现、教育培训工程,推进标志性项目建设,着力将长征国家文化公园建设成为呈现长征文化、弘扬长征精神、赓续红色血脉的精神家园。

(二)技术应用

建设长征国家文化公园,是"十四五"规划和2035年远景目标的重大国家文化工程,也是促进文旅融合在国家层面上的重大创新工程。依托数字科技推动文旅融合创新发展,是实现文旅产业高质量发展的必由之路。5G、大数据、人工智能等数字化科技要素的注入,将为长征国家文化公园与旅游融合深度发展提供全新动能,推动两大产业在更广范围、更深层次、更高水平上实现深度融合,呈现新格局。

1. 数字科技催生长征国家文化公园文旅融合新业态

利用数字科技赋能创新展示长征红色文物,提升长征文物和文化资源的展示与传播效果,推进长征文物资源信息在更大范围内开放共享,推动数字化建设为长征国家文化公园高质量发展赋能增效。通过创新数字化展陈手段,立体呈现长征精神,推动"云观展""云旅游""云直播"等线上旅游新业态发展。通过线上线下互联互通方式,让长征文化教育寓教于乐,增强长征国家文化公园的吸引力和互动性。

2. 数字科技激发长征国家文化公园文旅消费新活力

数字科技将引领和培育长征国家文化产业园区的互联网文化消费、生活体验文化消费、智慧生活消费等传统文化消费行为的新热点、新模式,以适应需求的高端化、个性化、融合化新态势,形成数字文旅消费行为新亮点,为旅游者创造良好的传统文化旅行经验,培育并打造一大批富有鲜明长征教育文化特点的原创IP,引发和实现更多高质量的数字红色文旅需求,并利用数字化技术使红色文化资源鲜活生动起来。并且融合数据挖掘、人工智能等技术要素,能够精确刻画长征国家文化公园内旅游者的用户画像,进一步增强长征文化产品的内涵承载、创意提炼和价值发现等功能,进一步提升人文内涵,为实现"千人千面"的精准营销和"心有灵犀"的消费体验,有针对性地推出一批高品质的长征文化产品,使其更加个性化。

3. 数字科技打造长征国家文化公园文旅融合管理新平台

建立长征国家文化公园数字化管理的网络平台。借助国家数据资源共享与互动平台系统,建立完善的文物和文化资源数字化管理网络平台,运用数字技术在时间层面上集成各种长征文化旅游资源,在空间层面上推进散落的长征文化要素有机集成,对文物和文化资源实现全面数字化展示,促进从"小旅游"向"大平台""大生态"全面发展,形成体现新时期长征精神的文旅化IP平台,共同建设永不落幕的国家文化网络空间。

利用数字科技构建监管服务平台。以5G、大数据、物联网、移动通信、遥感等领域为基础,建立长征国家文化公园文旅企业市场信息监控平台,通过网络平台的人工智能、数据分析等功能,协助地方政府更为准确地捕捉游客的旅行轨迹、活动特点和市场选择倾向,并动态监控各大园区的经营状况,在定期研究的基础上,更好地实施政府指导,进一步提高长征国家文化公园的服务效率和公共管理水平,逐步树立我国国家文化公园高质量建设的新标准和样板工程。

党的二十大报告提出"建好用好国家文化公园"的要求,再次为国家文化公园未来的建设发展明确了方向。国家文化公园创新文化遗产保护与传承方式,全景式展现中华文明的文化瑰宝。长征国家文化公园带状分布、绵延布局、蜿蜒联动,沿线分布着大量的文化遗产,生动展现出博大精深的中华文化、绚烂深厚的历史文明。

1. 弘扬中华文化

长征是人类历史上的伟大壮举,长征沿线存留了数量庞大、类型丰富的长征文物和文化资源,建设长征国家文化公园,是推动新时代文物和文化资源保护传承利用的重大战略决策,对于整合长征沿线的文物和文化资源、弘扬革命传统和革命文化、激发爱国热情、振奋民族精神具有重大而深远的意义。

2. 加强国家文化公园的监管

为了加强长征国家文化公园的保护、建设、利用和管理,弘扬长征精神和遵义会议精神,传承红色基因,坚定理想信念,增强文化自信,培育社会主义核心价值观,有关方面制定了相关条例。长征国家文化公园的保护、建设、利用和管理应坚持保护优先、强化传承,文化引领、科学规划,统筹推进、社会参与的原则。

(1) 请列举生活中的智慧旅游案例。
(2) 文旅融合对我国旅游业发展有哪些好处?

本章第一节通过八个案例帮助学生深化对智慧旅游的认识,从而更好地理解所学概念;第二节通过两个案例引导学生紧跟时事,了解文旅发展新方向,树立正确的价值观。

 重点概念

智慧旅游管理　智慧旅游服务　智慧旅游营销　智慧旅游体验　文旅融合

 章节测验

参考文献

[1] 邹建琴,明庆忠,史鹏飞,等.智慧旅游研究:历程,主题与趋势[J].资源开发与市场,2022,38(7).

[2] 芦雅琪.基于游客感知的丽江古城智慧旅游优化策略研究[D].昆明:云南师范大学,2022.

[3] 王阳.新阶段加快培育智慧旅游消费的对策研究[J].上海城市管理,2022,31(3).

[4] 李彦谕.智慧旅游建设情况研究——以三亚市为例[J].产业创新研究,2022(15).

[5] 黄羊山.旅游公共信息服务迫在眉睫[J].旅游学刊,2012,27(2).

[6] 卞俊,梅亮,吴林立,等."智慧旅游"构想下镇江市餐饮旅游信息的组织与传播[J].科技创新导报,2012(35).

[7] 马晓芬,戴斌.旅游人才高质量培养的新时代课题[J].旅游学刊,2022,37(8).

[8] 周晓梅.智慧旅游时代旅行社产品营销理念与策略分析[J].岳阳职业技术学院学报,2014(5).

[9] 张宏钢.浅论旅游产品的定价策略[J].湖北函授大学学报,2011,24(10).

[10] Philander K,Zhong Y Y.Twitter sentiment analysis: Capturing sentiment from integrated resort tweets[J].International Journal of Hospitality Management,2016,55.

[11] Yuan H,Xu H,Qian Y,et al.Make your travel smarter: Summarizing urban tourism information from massive blog data[J].International Journal of Information Management,2016,36(6).

教学支持说明

普通高等学校"十四五"规划旅游管理类精品教材系华中科技大学出版社"十四五"规划重点教材。

为了改善教学效果,提高教材的使用效率,满足高校授课教师的教学需求,本套教材备有与纸质教材配套的教学课件和拓展资源。

为保证本教学课件及相关教学资料仅为教材使用者所得,我们将向使用本套教材的高校授课教师赠送教学课件或者相关教学资料,烦请授课教师通过电话、邮件或加入旅游专家俱乐部QQ群等方式与我们联系,获取"电子资源申请表"文档并认真准确填写后发给我们,我们的联系方式如下:

地址:湖北省武汉市东湖新技术开发区华工科技园华工园六路

邮编:430223

电话:027-81321911

E-mail:lyzjjlb@163.com

旅游专家俱乐部QQ群号:758712998

旅游专家俱乐部QQ群二维码:

群名称:旅游专家俱乐部5群
群　号:758712998

电子资源申请表

填表时间：_____年___月___日

1. 以下内容请教师按实际情况写，★为必填项。
2. 根据个人情况如实填写，相关内容可以酌情调整提交。

★姓名		★性别	□男 □女	出生年月		★职务	
						★职称	□教授 □副教授 □讲师 □助教

★学校		★院/系	
★教研室		★专业	
★办公电话		家庭电话		★移动电话	
★E-mail（请填写清晰）				★QQ号/微信号	
★联系地址				★邮编	

★现在主授课程情况	学生人数	教材所属出版社	教材满意度
课程一			□满意 □一般 □不满意
课程二			□满意 □一般 □不满意
课程三			□满意 □一般 □不满意
其 他			□满意 □一般 □不满意

教 材 出 版 信 息						
方向一		□准备写	□写作中	□已成稿	□已出版待修订	□有讲义
方向二		□准备写	□写作中	□已成稿	□已出版待修订	□有讲义
方向三		□准备写	□写作中	□已成稿	□已出版待修订	□有讲义

请教师认真填写表格下列内容，提供索取课件配套教材的相关信息，我社根据每位教师填表信息的完整性、授课情况与索取课件的相关性，以及教材使用的情况赠送教材的配套课件及相关教学资源。

ISBN（书号）	书名	作者	索取课件简要说明	学生人数（如选作教材）
			□教学 □参考	
			□教学 □参考	

★您对与课件配套的纸质教材的意见和建议，希望提供哪些配套教学资源：